紙のもの

カミノモノ

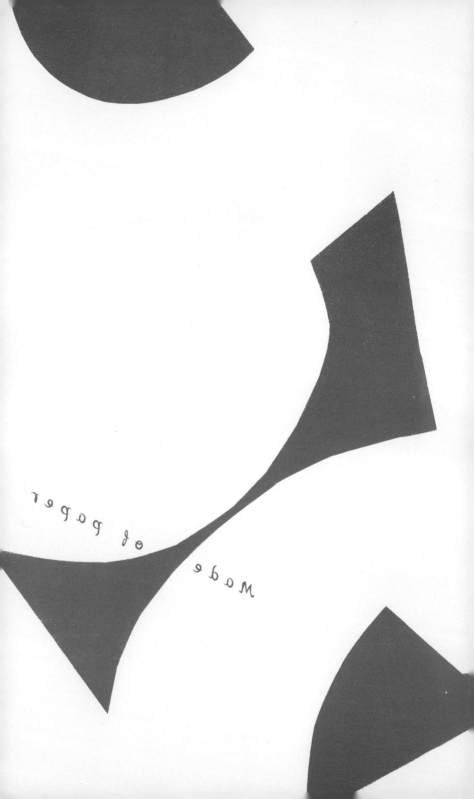

Made of paper

紙に向かう、46組の作家を紹介します。

紙の何に惹かれるのか、一言ではいえません。

たとえば、描く、切る、貼る、重ねる。

漉く、縒る、包む、透かす。

千切る、記す、折る、飛ばす。

刷る、裁つ、綴じる、残す。

めくる、撫でる、彫る、起こす。

曲げる、繋ぐ、吊るす、揺らす。

濡らす、破る、丸める、焦がす。

拾う、集める、眺める、生かす。

飽きずに伸びる、幾つもの手が、

尽きない紙の良さを伝えてくれます。

目次

モクジ"

ISBN978-4-86100-567-1
Printed in Japan

紙のもの
made of paper

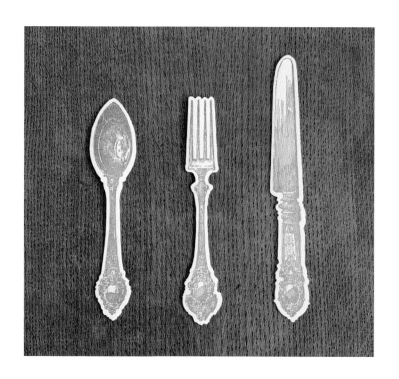

menu (bookmark)／little garden (sticker)

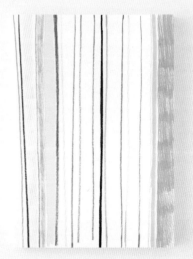

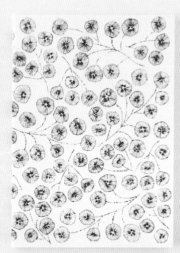

picnic (note) ／ Sunny garden (note) ／ Snow days (note)

ノラヤ ┃ パンとかご／歩くクマ／ランプ（板絵 木版画）　　　　　　　16

クマ／ムクドリ／スプーンとフォーク（板絵 木版画）

長内 久美子　オサナイクミコ　｜　greeting cards – christmas and new year

Wedding invitation

greeting card "Flower (peony)" / greeting card "Angel"

Gift Wrap (jerky, stick, stripe red&pink, dots)／Letter Box, message card

Gift Wrap (Welbeck white, GATE black, GATE white) ╱ message card "YOU"

Gift Wrap (Welbeck black, GATE black, GATE white) / coaster notepad

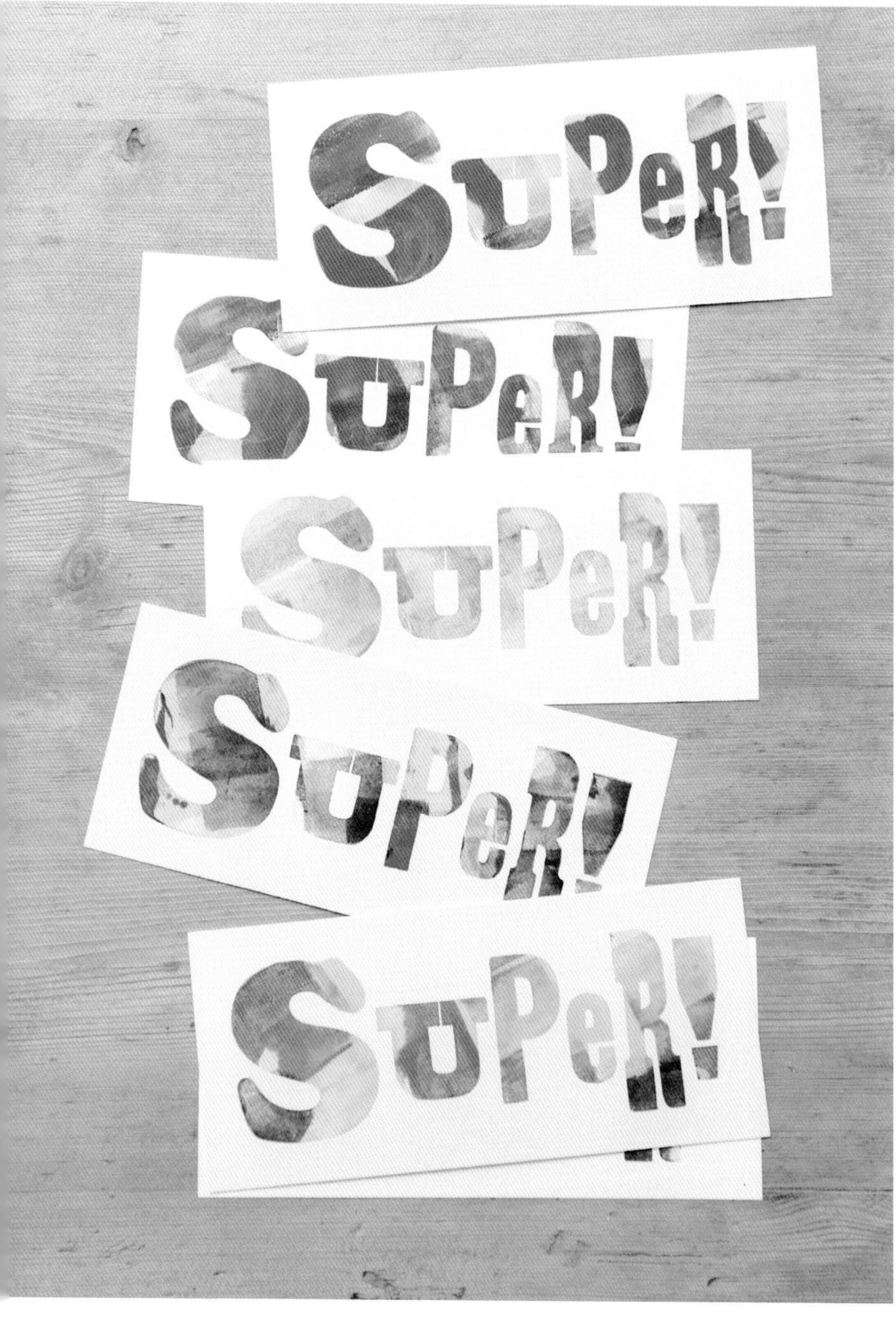
SUPER!
SUPER!
SUPER!
SUPER!
SUPER!

ornament card／paper set／envelope

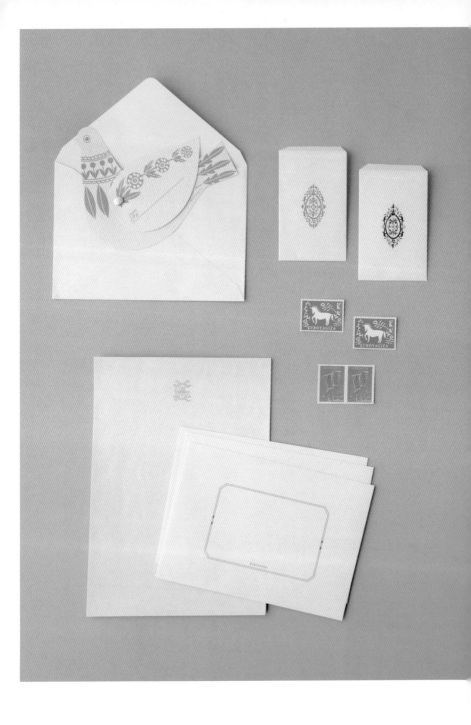

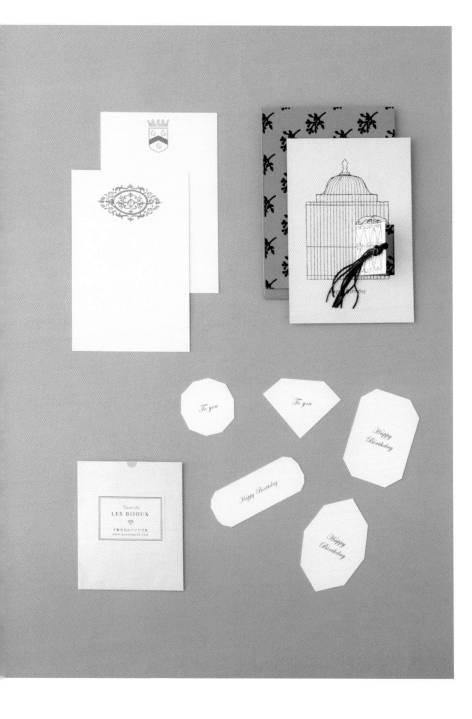

ねずみ（ポストカード）／ネズミの紋章（ポストカード）／鳥かごとカナリア（カード）／宝石（カードセット）

寺西 真希 テラニシマキ ┃ やさしい日曜日〈小作品〉

遊星商會　ユウセイショウカイ　｜　星晶儀模型紙／星屑紙

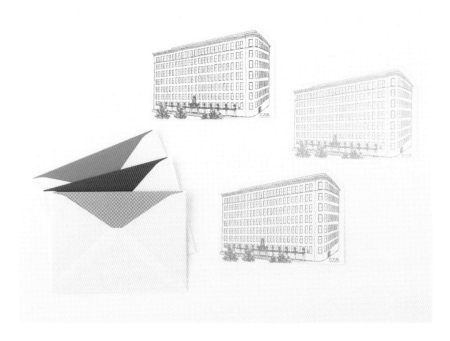

原稿用紙　二〇枚入

封筒用紙　一〇枚入

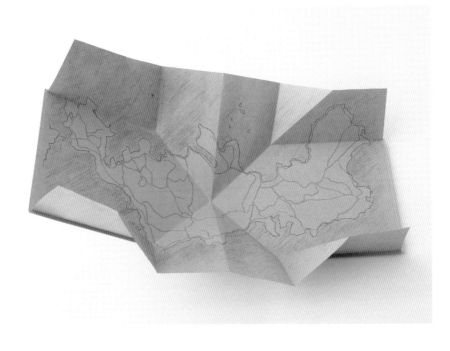

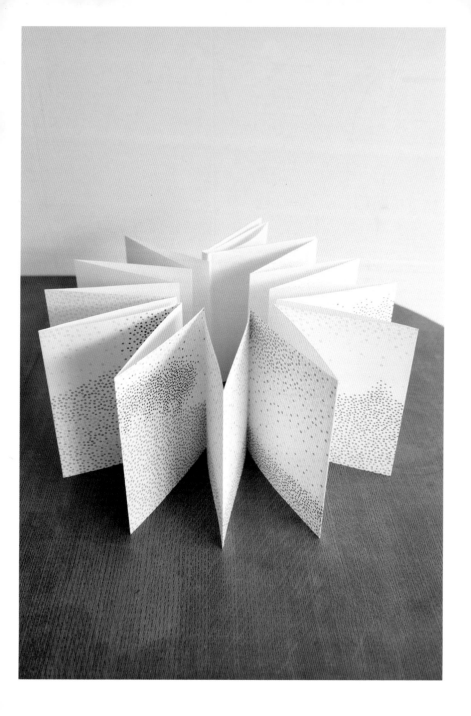

芳賀 八恵 ﾊｶﾞ ﾔｴ | Harmony（絵本）

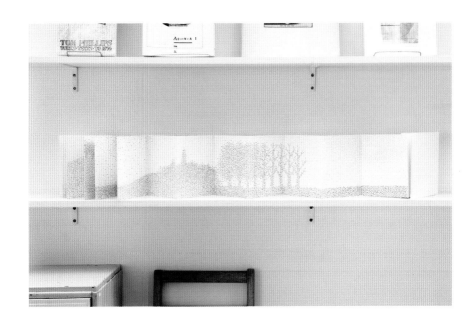

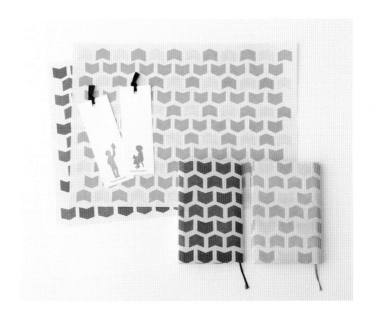

Harmony（絵本）／ブックカバー／しおり

森 友見子 モリユミコ　｜　小レリーフ‐階段、家／小箱‐小、中（再生紙）

モビール - 数字／丸小皿／雲形皿 - 小（再生紙）

森田 千晶 モリタチアキ ｜ 風景柄（手漉き和紙）

雪の結晶（手漉き和紙）

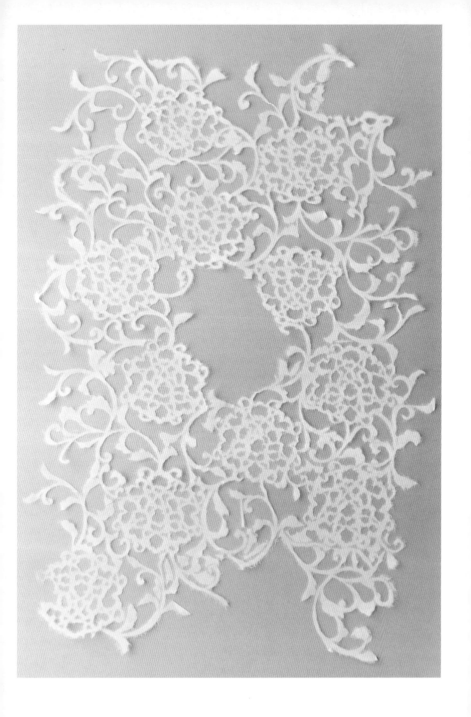

花文様（手漉き和紙） 46

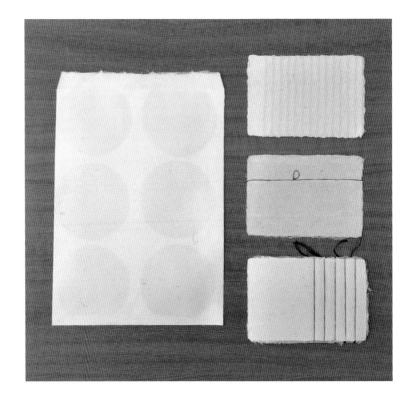

coaster／envelope／postcard（手漉き和紙）

内野 敏子 ウチノトシコ ｜ 花箸置き（水引）

梅結び(水引)／梅結びの祝儀袋

野中 光正 ノナカミツマサ 　木版画 - 930630

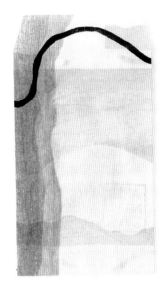

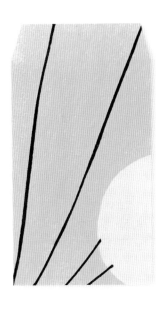

木版画 – 990707, 990704, 990703, 990706

DR. NATHAN JACOBSON,
430 SOUTH SALINA ST.
SYRACUSE, N.Y.

Syracuse, N.Y., Aug. 2, 1899.

Mrs. J.H.Stari

ɔι r, N.Y.

My Dear Mrs. Sta   :

I wish to thank you for your chec   receipt of
which I am glad to acknowledge.   I find that you were   ous enough
to enclose not only   e to pay my bill, but a second bla   eck.   This
I return to you.

Hoping to see you upon my return in September, I am, as ever,

Very sincerely yours,

Dictated.

飯田 竜太　イイダ"リュウタ　| I see, I can't see -st-　56

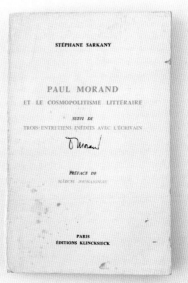

STÉPHANE SARKANY

PAUL MORAND

ET LE COSMOPOLITISME LITTÉRAIRE

SUIVI DE

TROIS ENTRETIENS INÉDITS AVEC L'ÉCRIVAIN

PRÉFACE DE

MARCEL NOVANDEAU

PARIS
ÉDITIONS KLINCKSIECK

西舘 朋央 ニシダテトモオ | number 3（コラージュ）

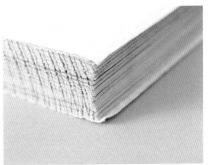

羊毛紙ノート（ニット）

都筑 晶絵 ツヅキアキエ | 手帳

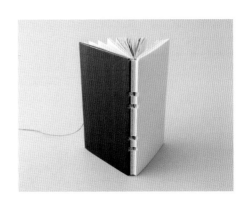

インタビュー 1

都筑 晶絵 さん

ツヅ゛キアキエ

——製本を始めたきっかけを教えてください。

大学3年の時に、休学してフランスへ留学しました。「何かその国でしかできないことをやるなら」と母に言われて見つけたのが製本の学校でした。その学校で、ルリユールというヨーロッパの伝統的な製本を学び、手で本を綴じることができるんだと感動したのが最初です。

——伝統的な製本は、基本的に既存の本を綴じ直して装丁するといった技術ですよね。

そうですね。ヨーロッパでは、仮綴じの状態で本を購入し、好きな製本家に製本させることが当たり前の時代がありました。でもそういった本来の製本家の仕事は日本にはほとんどありません。

——日本に帰ってきてからも、製本は続けていたんでしょうか?

日本の大学に戻ってから、東京に住むドイツ人ブックアーティストのVeronika Schäpersさんと出会って、卒業後に彼女の仕事の手伝いをさせてもらうことになりました。彼女が作る本は、美術館のコレクションになるような素晴らしいアートブックで、好きな詩や文章を自分でレイアウトして、紙も印刷も綴じ方もケースも内容に合わせて決めていきます。私がフランスで学んだのはハードカバーの頑丈な製本だけでしたが、蛇腹折りや和綴じのシンプルな製本、名前のないような新しい製本まで、色々な製本方法とアイデアがあるのだと彼女の仕事を手伝いながら教わりました。彼女のところで働いているときに、手帳作りを始めたんです。

——手帳(p.64-69)の製本はVeronika Schäpersさんから教わったんですか?

そうです。彼女が製本のコンペティションに出し

た本を見せてもらって、糊を使わずにこんなにシンプルな本ができることに驚きました。すごくフラットに開いて書きやすいので、この綴じ方で手帳やノートを作ったらどうだろう、と思って作り始めたんです。もともとは背にもカバーが付く製本ですが、背は覆わずに、中に用いた様々な紙の色柄を背から覗かせる形にして、まずは自分の手帳を作りました。1年間毎日持ち歩いて使っても壊れない、丈夫な製本だということを確認し、それから現在までオーダーを受けて作り続けています。手帳は毎年新調するものなので、作れる数に限りがあって、仕事を通じて出会った方や友人を中心に個人的な注文を受けていますが、同じ製本で作ったノートはいくつかのお店に置いてもらっています。

——その頃からある程度、作家としての方向性が見えていたんですね。

うーん。でも自分を「製本家」と名乗るには、技術的にも経験も、足りない気がしていました。手伝いの仕事を終えて、もう少し勉強したいと思い、スイスの製本学校に行くことを決めました。そこは、伝統的な技術をベースにしながらも、今の時代に合ったより広い視野での本作りを提唱している学校で、学校主催のコンペティションの上位作品を見たら、とてもモダンだったんです。普通、製本のコンペだと、重厚感のある、装飾的な作品が上位にくることが多いんですが、この学校で上位に選ばれた作品は自分の作りたい本のイメージと合っている気がしました。それで去年の1月から10ヶ月間、通うことにしたんです。

——どのくらいの生徒数ですか?

最大で8人です。私は続けて長く取りましたが、毎週授業内容が変わるので、生徒も週が変わるごとに入れ替わり立ち替わり。働きながら通う人が多いので、学びたいクラスを取ることができるようになっています。スイスの南のアスコナというイタリア語圏の町にあるので、学校の名前も「centro del bel libro, ascona」とイタリア語ですが、学校には世界中から生徒が集まっていて、ドイツ語・

英語・フランス語が飛び交っています。

——どんな人が生徒としてくるんでしょう?

ほとんどがプロの製本家です。製本家といっても、製本のオーダーを個人で受けている人、製本所の職人、本の修復家、独立したての若い製本家など様々ですね。幅広いオーダーに答えられるようにと学びに来る人が多かったように思います。学校にはメインで製本を教えてくれる先生のほかに、糊を用いなくてもできる製本や、箱作り、製本の歴史など、専門の先生がゲストで来ることもあります。製本家が基本的に持っている技術をもとに、少し発想を変えるだけでこんなことができる、という色々なアイデアを教えてくれるので、皆すごく楽しみながら学んでいました。

——皆さん、技術よりアイデアを学びたくて来ているんですね。

そうです。"いくつかアイデアを与えるから、あとは自分で考えなさい"っていう学校なんです。最初に先生がデモンストレーションをして、それを踏まえて自分の作品を作るんですが、すぐに席を立って素材を選べる生徒ばかり。この縫い方にはどの太さの糸が適当なのか、表紙にはどの厚みの紙を使うのがいいか、皆は製本家としてのキャリアがあるので経験と感覚で分かるんです。私は、最初は本当に手探りでした。長く通って良かったのは、周りに助けてもらいながらでしたが、そういった製本家としての基本もきちんと習得できたことです。

——課題の制作に使う紙は学校に用意されているんですか?

教室には色々な種類の紙がありました。パーチメント(羊皮紙)や皮を使うときには少しお金を払いますが、ほとんどは授業料に含まれています。先生が個人的に好きな紙をたくさん用意してきてくれる授業もありました。私は滞在期間が長かったので、学校にある紙のほかにも、旅行先で買った紙や、包装紙など、作る本によっていろんな紙を

試しました。

――カードフォルダー (p.71) の折り方はスイスで習ったんでしょうか?

そうです。これは一枚の紙を折るだけでできていて、先生は「日本の折り紙の技術を発展させてできたものかもしれない」と言っていました。長い紙を折るのはちょっと大変ですが、見た目にも機能的にも優れていますし、一枚の紙でこれだけのことができるのかと驚きがありました。

――スイスから帰ってきて、プロダクトとしてのカードフォルダーを作り始めるのはスムーズでしたか?

カードフォルダーを習ったのは夏前でしたが、スイスにいるときに日本の友人やお店の方にサンプルを送って見てもらいました。帰ってぼんやりし

ないように、スイスにいてできることからやっていかなきゃと思って。送った人に使い心地や要望を聞いて、もうちょっと表紙を厚くしようとか、留めるものを付けようとか、少しずつ改良して今の形になりました。

――1点1点、紙の色や留め方が違うので、選ぶのが楽しいですよね。

手で折っているので、同じ紙でも一つ一つ表情が異なります。色々手に取って、その人らしいものを選んでもらえたら嬉しいです。

――手帳はその究極ですね。

手帳の場合はオーダーしてくれた人、一人一人に会ってきちんと話を聞いてから作ります。サイズ、縦長か横長か、マンスリーかウィークリーか、何月から始めるか、週の頭は何曜日にするか、職業に

よっても、字の大きさによっても、使いやすい手帳は人によって違います。「最初の見開きに1年分のカレンダーをつけて欲しい」っていう人もいるし、「旅行にいく期間だけの手帳が欲しい」っていう人もいます。あとは「この紙を入れて欲しい」とか、「このハンコを使って欲しい」とか、「ポケットを付けて欲しい」とか、本当に色々。本人が1年使ってみて分かることもありますし、そういった要望は次の年に活かします。制作では、紙を選ぶ作業にいつも一番時間をかけますね。全体の紙のバランスを見ながら、その人らしい手帳にしたいなと思います。

――今回、私が個人的にオーダーした手帳を掲載させて頂きましたが、本当に色々な紙を使えるんですね。

そうなんです。パラパラめくったときに流れが止まらないように、厚みや紙の目を揃えるとか、気にする点はいくつかありますが、それを守れば結構どんな紙でも大丈夫。紙を持ち込んでもらったら、そこからいくつか選びます。手帳は印刷するページも多いので、全部を反映するのは難しいですが、染みがある紙やくしゃくしゃの紙を持ってきてくれる人もいて、その人らしさが出ますよね。ノートも一緒に作っていますが、これは手帳の余り紙で作っています。オーダー手帳はサイズがバ

ラバラなので、余る紙もいろんなサイズ。だからノートも、小さいものや細長いもの、横長のもの、色々あるんです。手帳用にレタリングの練習をした紙とかも使ったりして、コラージュ感覚で紙を選んでいます。

――小泉均さん主宰のタイポグラフィのスクール、TypeShop_gでの製本教室も人気のようですが、今後の活動の軸は?

教えること、作品づくり、少数部での受注をバランスよく続けていけたらと考えています。製本教室はまだ始めたばかりですが、私自身、発見も多くてとても楽しんでいます。作品の販売に関していえば、たとえばカードフォルダーのように、ステーショナリーだけど一点ものの作品をお店に置いてもらうことで、色々な人に手にしてもらって、製本について少しでも知ってもらえたらと思っています。オーダー手帳やショップのツールのように、リクエストがあって、ある程度の枠の中で作ることもまた面白いです。アーティストは自ら全部発しますけど、私は職人的な作業とクリエイティブなデザイン作業がないまぜになっているのが好きなんだと思います。用途があって見た目にもいい、機能的にも装飾的にも優れたものを目指したいです。そういうもの作りを通じて、製本について少しずつでも紹介できたらいいなと思います。

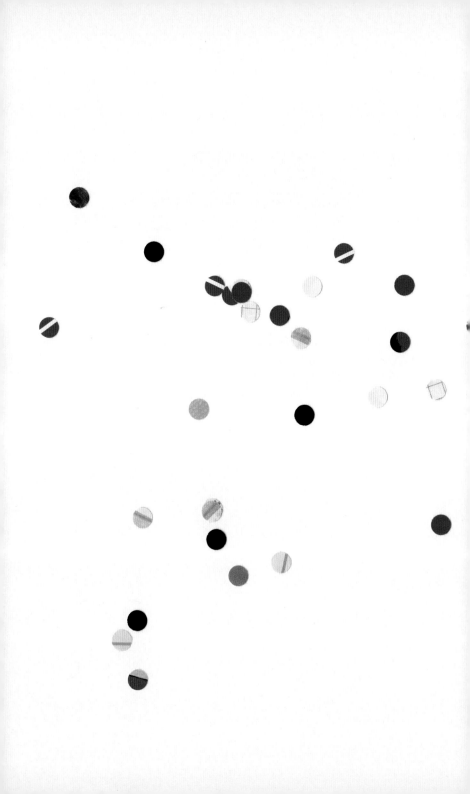

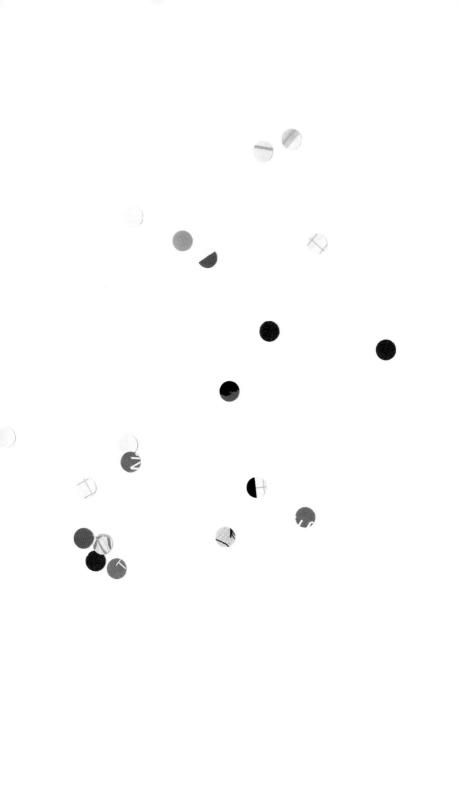

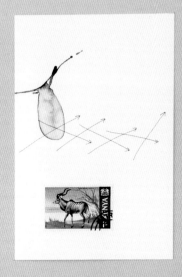

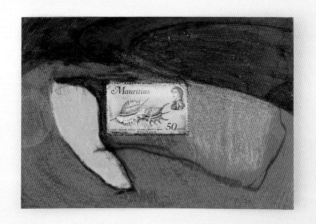

高濱 浩子 タカハマヒロコ 　私書箱 1284

陽炎（コラージュ・ジェッソ）／はみ出した心（コラージュ）

みやまつともみ ｜ ケトル（貼り絵）

椅子（貼り絵）

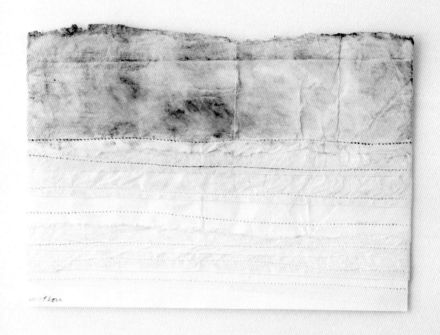

mitsou ミツ │ 綿（イラスト）

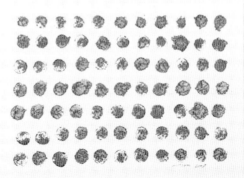

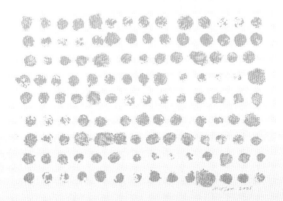

少女 A／空（イラスト）

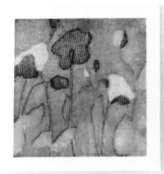

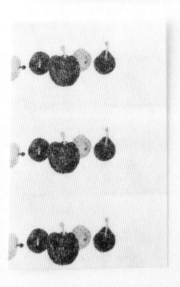

銅版画

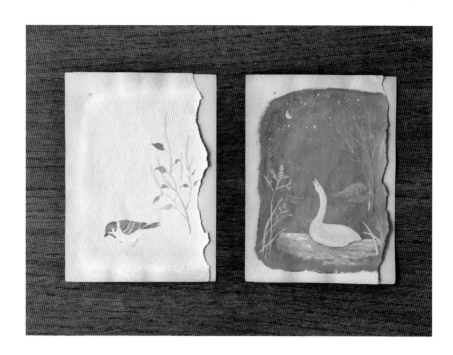

87 　　　　　　　　　　　　　　すずめ（文庫ノート 原画）／月夜の白鳥（葉書 原画）／細見美術館 - 琳派の鳥と花のカード

すみれノオトブック／すみれの蔵書票／コラージュデザイン便箋

関 美穂子 セキミホコ　｜　終わらない読書（蔵書票 型染め）

睡魔／ナイチンゲールの夢（蔵書票 型染め）

Papirklip ハ゜ヒ゜アクリッフ゜ | サーカス楽団／ピアノを叩くサギ

ダチョウの行進／くも／リスとセイウチとぺんぎんの音楽隊

Cucumber tea　キューカンバ゛ーティ　│　A Drop of Garden（鎖）

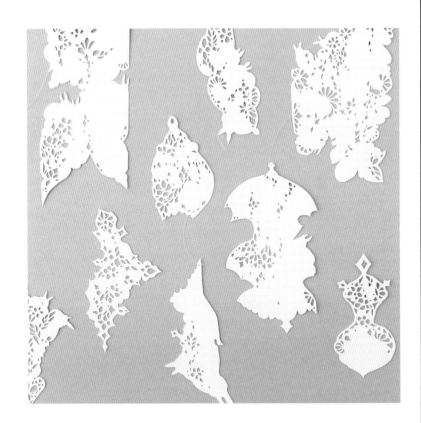

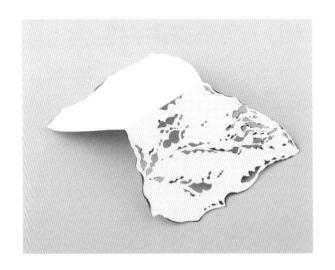

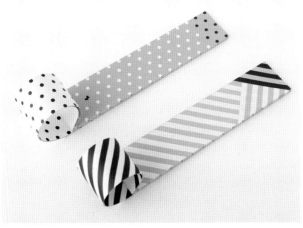

あたたかいおと - ポスター／あたたかいおと - カード／影の記憶と雨の贈り物 - 長方形メモ帳

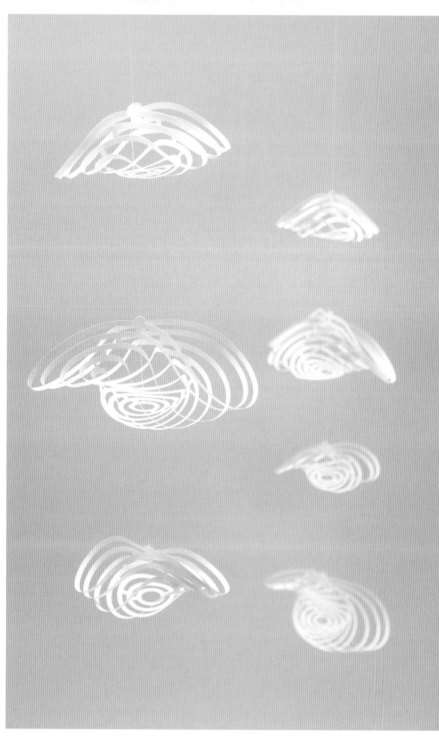

99

ペーパーティアラ／紙の積木

安達紙器工業　アタ"チシキコウキ"ョウ　│　Paper Made Hourglass ╱ Paper Made Flower Tube

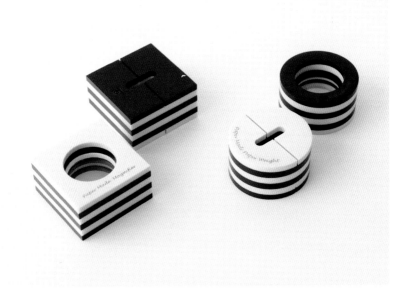

かみの工作所 カミノコウサクジョ ｜ 白黒動物

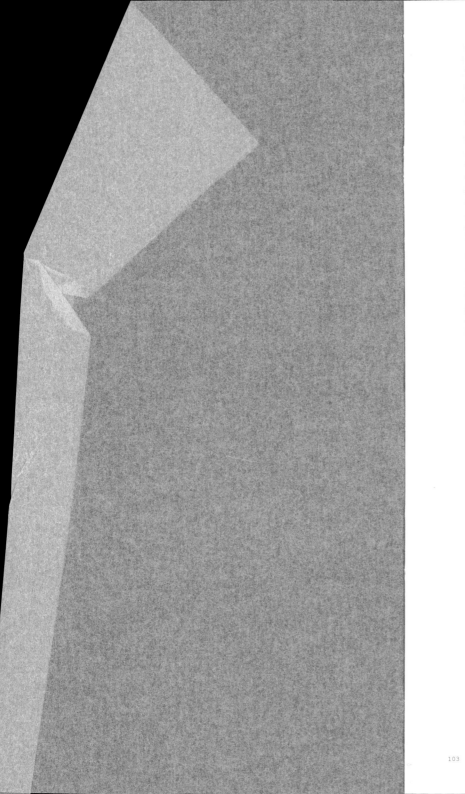

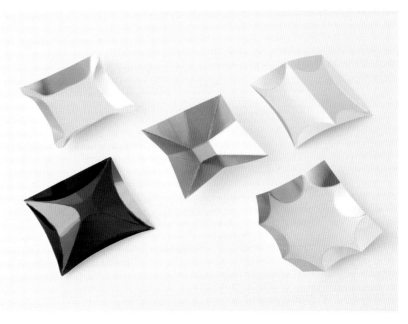

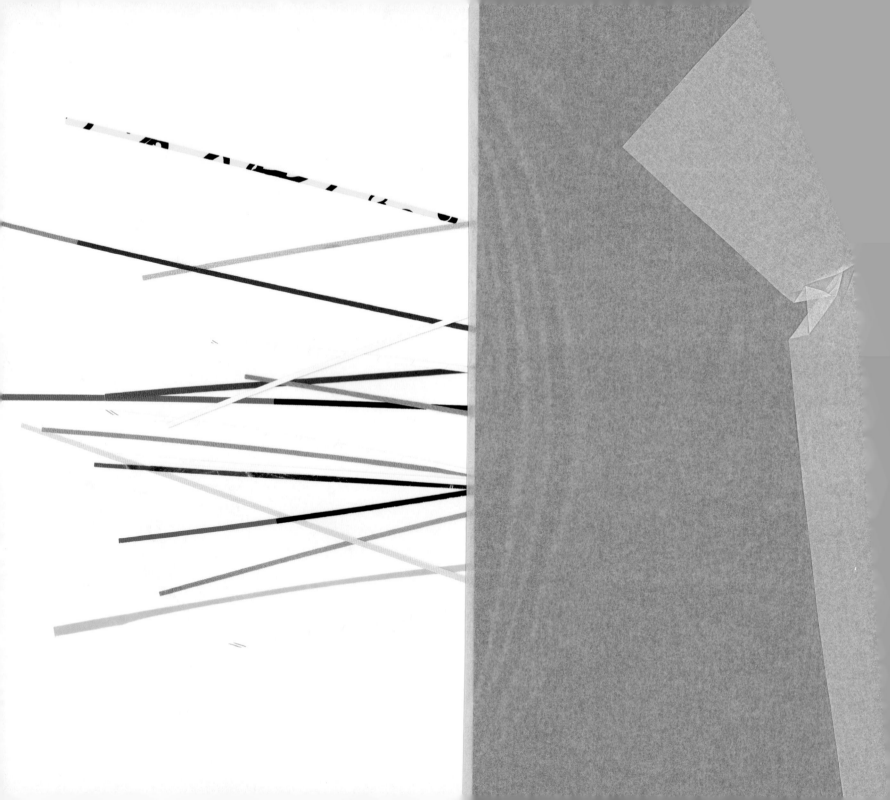

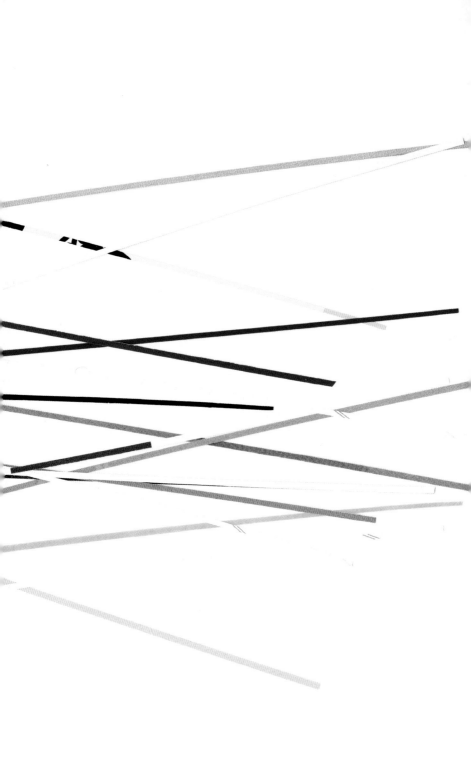

good daddy 習作 2006 – 表紙・裏表紙

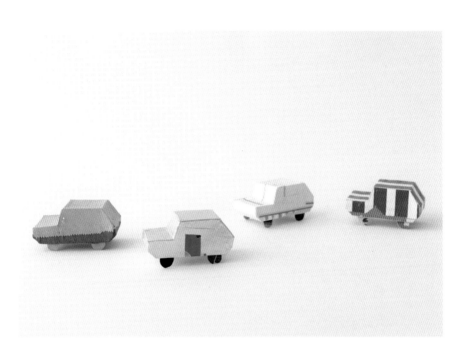

car 習作 P ver.2 (紙立体)

井上 陽子 イノウエヨウコ ｜ 紙箱

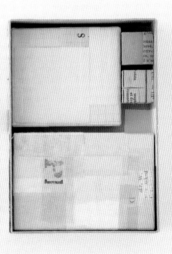

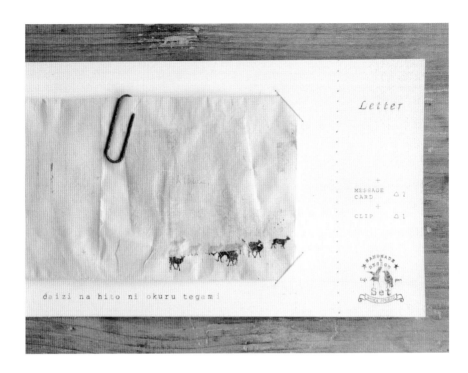

Letter

+

MESSAGE
CARD △1

+

CLIP △1

daizi na hito ni okuru tegami

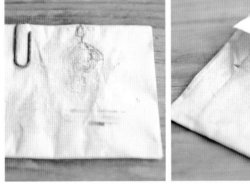

辻 恵子 ツジ ケイコ ｜ 切り絵 - a

mini letter set／mini postcard／mini notebook／dream#2／dream#4

小匙舎 コサジ"シャ ┃ ブックカバー（木版画）

ぽち袋／栞／レターセット（木版画）

菊地 絢女 キクチアヤメ | CIRCUS CARD (Greeting Card)

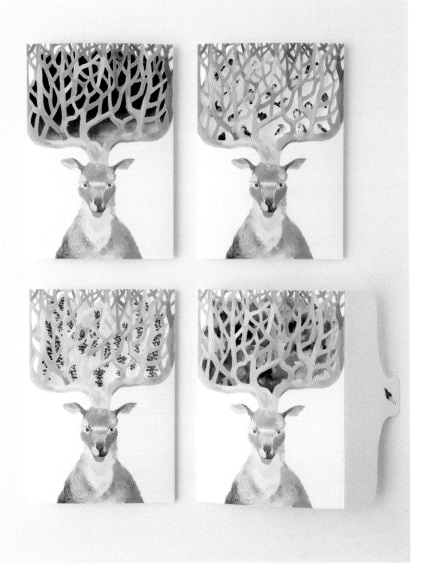

Carrier Pigeon (Greeting Card)

インタビュー　2

菊地 絢女 さん
キクチアヤメ

——紙を素材にして作品をつくり始めたきっかけを教えてください。

もともと紙を触ったり折ったり、いじることがすごく好きで、お菓子を食べたあとの包み紙なんかで、いつまでも遊んでいました。そのうち、紙でカードを作って、母や祖母や友人の誕生日にプレゼントと一緒に贈るようになったんです。ごく自然なことですけど、それの延長線上ですね。

——そのときから、それは開くと立体になるとか、仕掛けのあるカードを贈っていたんですか?

そうですね。やっぱり、触って「わぁ、なんだこれ!」と相手が楽しめるものにしたいと思うんです。贈ったカードを母が開くのをそばで見ていて、彼女はあまり感想は言わないんですけど、でも「わっ」と喜んでくれているのが分かるんです。私はもともとメッセージや感情を文章で伝えるとい

うのはあまり得意じゃないんです。だから、"彼女は黄色が好きだからこういうものを描こう"とか、"こんな仕掛けだったらびっくりするだろう"とか、「驚かせよう」という発想になるんです。次の誕生日が近付くと、今度は何を作って驚かせよう?ってまた新しいことを考える。そういう目的があって、頭の中に浮かんだ世界を落とし込む対象が、カードだったんですね。

——作品としてまず最初に鳩のカード(p.128-129)を思い付いたというのは、何が発端だったんでしょう?

なんてことないんですが、ディズニー映画の白雪姫を見ていたんです。最初のシーンで、お姫さまが白い鳩にチュッてキスをするんですけど、そうしたらその鳩が、窓の下にいる王子さまのところへ飛んでいって、王子さまのほっぺたにチュッてキスするんですね。まさに伝書鳩だ!と思ったん

です。言葉を託さなくても、想いが伝わっていくのを見て、鳩そのものをカードにしようと作ったのが始まりです。鳩を作ったあと、雀のくいくい動く首も紙で表せないかなと紙を色々いじっているうちに、雀ができて。雀を作ると、今度はインコを作りたくなって、インコを作ると、文鳥を作りたくなってしまんです。そうやっていつも気が付いたら次々展開していきます。

——菊地さんの作品はパッケージも含めてとても完成度が高いですが、展示販売以外の本格的な商品化を視野に入れて作っているんでしょうか？

今はそこまで考えていません。大学でデザインを専攻していたので、カードを一つ作ったら、この封筒はどうしようとか、パッケージはどうしたら面白いかとか、盛り立てる方法を自然と考えるんだと思います。先の商品化に備えてパッケージを作るわけではなくて、カードと同じように見せ方も思い付くので作ってしまう。

——展示のときもカードとパッケージとは切り離さずに見せますか？

見に来てくれた人が実際に触れられるように、カードだけの状態でも出しておきますが、パッケージした状態も見せています。それはやっぱり、カードが収まる家や景色を作る感覚でパッケージを作っているからなんです。カードと一体になるように作っているので、合わせてひとつの作品として見てもらおうと思っています。

——サーカスカード（p.126, 132-133）のアイデアを形にするまでのプロセスを伺えますか。

踊っている人や、馬やサーカスなんかが好きで、思い付くといつもスケッチブックに描いていたんです。鳥のカードを作ったあとだったので、これも

Birds Card - Package

カードにできないかなと考えました。サーカスの
テントの中に入ると、一気に異世界に引き込まれ
る。それを紙で表現したかったんです。開いたと
たん、その人の周りの空気をパッと変えるような
ものを作れないかなと。

——開くと圧倒されます。

「なんじゃこりゃ」って驚かせたいんです。それに
は、触れる前と後との変化がより大きいものがい
い。飛び出す絵本のような凝った切り込みによる
仕掛けではなくて、紙に少し変化を加えるだけで
大胆に世界が広がる、シンプルな仕掛けを目指し
ました。でも、サーカスってプログラムがあります
よね。次は猛獣がでてくるぞ！とか、色々と想像が
広がるんです。踊っている人の一人一人をカード
にしてIセット作ったら、次は猛獣ショー、ピエロも
面白いし、曲馬もいい！って、結局プログラム形式
で4セットも作ってしまいました。鳥のカードもそ

うですけど、欲張りなところがありますね。頭の中
のイメージを一通り排出させたいんです。排出の
方法が私の場合、紙だったみたい。

——菊地さんの作品は、触れると空間が生まれ
て、音や光を感じるほどにぶわっと世界がせまっ
てきますよね。不思議ですけど、でもちゃんとそれ
を目指して作っているんですね。

小さい頃から、映画とかを見ても、入り込みやすい
タイプだったんです。うわぁっと光に包まれちゃう。
ああいうことを私もやりたいと思っているんです。

——それがペラペラの紙でできるって凄いことで
すね。

紙って万能なんです。身近で誰もが昔から触れ
てきたものだし、触れることでその人特有の感覚
を引き出せる素材だと思うんです。頭の中にあ

CIRCUS CARD - Package

る世界が浮かんだときに、私は映画監督ではな
いし、自分のできることで、どうやったら人に刺
激を与えることができるかを考えて、「紙だった
らここをこんなふうに見せられる」っていろんな
方法を思い浮かべてみる。サーカスも、頭の中
で考えるときには、イメージが映像として見える
ので、物語ができていく。だから一人一人のキャ
ラクターも思い付くし、猛獣ショーの鞭を持って
る人は嫌な性格なんだけど、根はいい奴だとか、
鳥の格好をしている人は、鳥男って呼ばれてい
る変わり者で、いつも鳥になりたいと願って手を
はばたかせてるとか、そういう空想が展開してい
く。それを私は紙で表現するので、仕掛けや見
せ方でいかに世界を伝えるかを考えます。一見、
普通の無地の封筒が、開くと舞台になって、そこ
にカードの演者を立たせるようにしようとか。表
面にただ絵を描いてカードにするよりは、むしろ

シルエットにしてしまったほうが手に取った人
の想像力を刺激するんじゃないかとか。特別な
演出はできないけれど、私は人の想像力を刺激
したいんですね。幕に映ったシルエットを見れ
ば、人は自然と考えると思うんです。「この演者
はどんな顔をしているんだろう」「どんな演技
をするんだろう」あわよくば「どんな暮らしをし
てるんだろう」って、ちょっと言い過ぎだけれど
……。手に取って、考えることって大事だと思い
ます。赤い幕とか、見ただけでわくわくしません
か? 特別なことが始まる感じ。そういった臨場
感を人に感じてもらいたいですね。

——木漏れ日のモビール (p.135) も、光や風を感
じさせる作品ですよね。

突然、木漏れ日を作りたいと思ったんです。木漏

れ日を作るために、葉っぱを作ろうと思い立って。紙って、ただの紙でも、切り込みを入れれば思わぬ動きをするし、風に揺れる葉っぱになる。安易に皺とかができてしまうんですけど、そこにほかの素材とは違う味がありますよね。あのモビールは葉っぱが揺れるのを見て楽しむんですけど、実は下に落ちている影や、影を見て感じる光がメインなんです。今思えばサーカスカードも影に重点を置いた作品です。人って、影から光や世界を想像しますよね。私、光と影ってすごく好きです。

——蝉の抜け殻をつけたのは？

あれは何でででしょうね。蝉の抜け殻でバランスがとれるというのをやってみたかったのもあるんですけど。葉っぱって完璧ではなくて、病気になっていたり、虫食いだらけのものもある。決して均整のとれた形だけで成り立っているわけではないので、夏の木漏れ日を作るなら、葉っぱも虫に食われていていいだろうし、勿論、昆虫もそこにはいるはずだから蝉が抜け殻を落としていってもいいだろうって。自然が好きなんです。一個一個同じではないのに一体感があって。砂の一粒一粒の形

が違っても、それが集結するとすごいものができる。自然はそれぞれ違うもの一つ一つが認められて見えてくる姿だと思うんです。そういうものに自分も影響を受けているんだと思います。

——グリーティングカードなど人に贈る目的の作品が多いですが、今後はどんなものを作っていきたいですか？

カードにこだわらず、色んな人の周りの空気をパッと変える力のあるものを作っていきたいです。作品を観てもらうことで、些細なことでも人に影響を与えることができたらいいですね。人それぞれ、同じものを見ても全く違うことを感じるけれど、たまにこう、他人と思いを共有する瞬間ってあるんです。たとえば桜を見たときに、急に一体感が生まれることってありませんか？ 桜の花びらがわっと舞った瞬間、知らない人たちが、皆して、わぁ！と歓声を上げるとき。ああいった一瞬の心の共有とか、他人なのに一体感が生まれるもの。観る前と後では明らかに変化が起こっている。そういうものに憧れるし、作れたらいいなぁと思いますね。

木漏れ日（モビール）

ARTIST PROFILE

アーティスト プ゜ロフィール

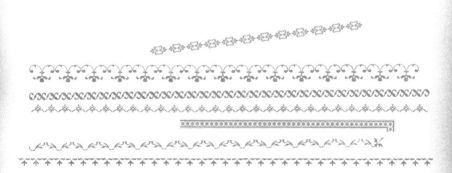

2e

ニイー

触覚的でオブジェのようなプロダクトは、ディテールに物語を秘めているようで、手にするたび想像が膨らむ。花のコースターは起毛した生地のようにふわふわ。カトラリーを模した栞は手触りのある活版印刷。ステッカーはアウトラインのラフさが巧妙。絵本のようなノートは、薄紙の扉がポエティックな展開を予感させる。

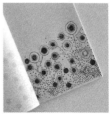

大谷有紀。1981年福井県生まれ。東京藝術大学美術学部デザイン科卒業。東京藝術大学大学院デザイン科修士課程修了。在学中よりデザインユニット、2eとしての活動を開始。最近手掛けた仕事に、minä perhonen京都店の秋冬の店舗演出など。現在、資生堂宣伝制作部に勤務。
http://www.2e-prodotti.com

p.10　rosette (coaster)
p.11　menu (bookmark) ／little garden (sticker)
p.12-13　picnic (note) ／Sunny garden (note) ／Snow days (note)

[作品取扱店／ギャラリー]
2e Webサイト(http://www.2e-prodotti.com)、NADiff全店、
SOUVENIR FROM TOKYO、恵文社一乗寺店、COKTAIL (香港)

---

yuruliku

ユルリク

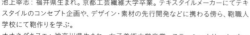

学校の文具を鮮やかに転じた、明快で心引くアイテム。一つ一つ彼らの手によって、シルクスクリーンでプリントされ、カッターで切られ、組み立てられている。本物のペーパーパレットを縫製して作った封筒と、スケッチブック型カードの組み合わせなど、実用性を邪魔しない遊び心に感服。

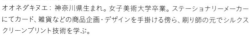

池上幸志とオオネダキヌエによるクリエイティブユニット。暮らしの中で見つけた「小さなユーモア」をテーマに、遊び心とユーモアのあるデザインを発信している。
http://www.yuruliku.com

池上幸志：福井県生まれ。京都工芸繊維大学卒業。テキスタイルメーカーにてテキスタイルのコンセプト企画や、デザイン・素材の先行開発などに携わる傍ら、鞄職人学校にて鞄作りを学ぶ。
オオネダキヌエ：神奈川県生まれ。女子美術大学卒業。ステーショナリーメーカーにてカード、雑貨などの商品企画・デザインを手掛ける傍ら、刷り師の元でシルクスクリーンプリント技術を学ぶ。

p.14　竹尺カード／折尺カード／定規カード
p.15　でんしゃカード／パレットカード／WORD CARDS

[作品取扱店／ギャラリー]
yuruliku Webサイト(http://www.yuruliku.com)、FRED&PERRY

ノラヤ

noraya

木版画が刷られているのは、薄くて肌理の細かい和紙。和紙はヒノキの板にぴったりと貼られ、絵と紙と木がしっくり一体になっている。無理なく沿う自然素材を一つ一つ丁寧に選び、愛着のある材料でもの作りをしているのが伝わる。「余計なものを洗い落としてきれいに拭いてあげる作業だった」という、一枚にたったひと組み選ぶモチーフ、起こす形は、可愛く優しいだけとは違い、どこかウイットを含んでいる。

山本奈穂。1974年東京都生まれ。東京造形大学デザイン学科映画専攻卒業。
2004年春、土の顔料との出会いから、木版画を始める。
http://www.ne.jp/asahi/cat/nora/

p.16 パンとかご/歩くクマ/ランプ
p.17 クマ/ムクドリ/スプーンとフォーク　いずれも板絵（和紙に木版画）

[作品取扱店/ギャラリー]
ノラヤ Web サイト(http://www.ne.jp/asahi/cat/nora/)ほか

[16-17]

長内 久美子

オサナイクミコ / Kumiko Osanai

クリスマスカードは色味と手触りのある紙で発色を抑え、家の温かい灯りの下でぽっと咲いたような表情。ウェディングなどのお祝い用カードには純白の紙を使い、静謐さを出している。一つ一つ手で完成させているポップアップはどれも物語性に溢れ、閉じたときの静と開いたときの動に心が躍る。

1972年兵庫県生まれ。武蔵野美術大学造形学部視覚伝達デザイン学科卒業。1999年より長内デザイン室にて活動を開始。2000年よりポップアップをはじめとする「しかけ」のあるオリジナルカードの制作・販売を始める。スノードームコレクターとしても知られ、国内ではめずらしいオリジナルデザインのスノードーム制作も手掛けている。
http://www.osanaidesign.com

p.18 greeting card "Santa Claus"/"Reindeer and Present"/"Wreath"
　　 "The Nutcracker"/"Present"/"Dove and Santa Claus"
p.19 greeting card "Flower (peony)"
　　 greeting card "Angel"

[作品取扱店/ギャラリー]
LIQUE Web サイト(http://www.osanaidesign.com/lique/)、NADiff 全店、
原美術館 ザ・ミュージアムショップ、豊田市美術館 ミュージアムショップ、DAILIES、
Roundabout、パンとケーキのお店 Little by Little、terra rosa

[18-19]

Bob Foundation / Number 62 [20-23]

ホ"ブ"ファンテ"ーション / ナンハ"ーロクシ"ュウニ

包む物の形によって表情がらがらりと変わる「Gift Wrap」や、カードが詰まった宝箱のような「Letter Box」、ラフなイラストが絶妙の「coaster notepad」など、ペーパーブランド Number 62 が仕掛けるアイテムは、最高のグラフィックを気軽にトリミング&ミックスして楽しめる、夢のようなラインアップ。作り手2人のワクワク感に思わずシンクロし、手を動かしたい衝動がふつふつと沸き上がる。

朝倉充展と鈴木洋美によるクリエイティブグループ。イギリス Central Saint Martins College of Art & Design 卒業後、2002年に Bob Foundation を設立。デザイン業務以外に作品や商品を国内外でのギャラリー、ショップで発表・発売している。
http://www.bobfoundation.com　http://www.number62.jp

p.20　Gift Wrap (check)
p.21　(上) Gift Wrap (jerky, stick, stripe red&pink, dots)
　　　(下) Letter Box, message card
p.22　Gift Wrap (Welbeck white, GATE black, GATE white) ／message card "YOU"
p.23　Gift Wrap (Welbeck black, GATE black, GATE white) ／coaster notepad

[作品取扱店／ギャラリー]
SOUVENIR FROM TOKYO、CIBONE AOYAMA、CIBONE JIYUGAOKA、collex LIVING、everydaybycollex、PAPIER LABO. ほか
※メールで問い合わせ可能(info@number62.jp)

LUFTKATZE [24-25]

ルフトカッツェ

「Super」はドイツ語では "ズーパー"、フランス語では "シューベア "、スペイン語では "スーベル"、英語では "スーパー" と読み、同じスペルで色々な国で使われる言葉。たとえばドイツでは、サッカーの試合で巧いプレイを見たら「Super!(すごい!)」、友だちが結婚が決まったと言ったらおめでとうの前にまず「Super! (すばらしいわ!)」とよく口にする感嘆の言葉だそう。1枚ずつ木活字にインキを重ね付けして刷られたタイポグラフィは、言葉のごとく色合いも表情もさまざま。裏面も活版でポストカード仕様に印刷されていて、選ぶ楽しみ・贈る楽しみに満ちたカード。

平川珠希。1973年東京都生まれ。デザイン事務所などを経てフリーランスになるのと同時に、活版印刷の活動を日本とドイツで始める。2007年にグラフィックと活版印刷のデザイン室 LUFTKATZE を設立。雑貨制作やワークショップなどのイベントも精力的に行っている。
http://www.luftkatze.com

p.24-25　Super!

[作品取扱店／ギャラリー]
LUFTKATZE Webサイト(http://www.luftkatze.com)、FRED&PERRY、Komurka

soup

スウプ

ナチュラル且つファンタジックなアイテムは、絵柄のエンボスや、曲線のエッジなど、細部までデザインが行き届いていて、手にして気持ちのよいものばかり。ペーパーボタンは見た目はもとより、サイズ、厚み、硬さ、軽さ、すべてにおいて例えようもなく、摘んだら最後、虜になるつくり。

「物語を感じる表現」をテーマに活動する創造チーム。2005年、中野麻子を中心に設立。展示ごとにテーマを展開し、空間演出と影絵のインスタレーション、紙を素材とした雑貨の制作・販売を行う。想像力をかきたてられるものづくりを目指している。
http://www.soup-web.net

p.26　paper button
p.27　（上）ornament card
　　　（下）paper set／envelope

[作品取扱店／ギャラリー]
アンジェ河原町本店、アンジェラヴィサント、恵文社一乗寺店、THE STABLES

クロヤギ座

クロヤギ"ザ" ／ KUROYAGIZA

「手紙用品」という言葉の響きによくそぐう、余白と飾りのプロポーションが美しいペーパーアイテム。中でも2008年限定の年賀シリーズ「ねずみ」は、干支である鼠を装飾に宿した見事なデザイン。アンティークな色使いも魅力のひとつ。

いわしたじゅんこ。1980年熊本県生まれ。多摩美術大学卒業。2005年にスタートした手紙用品のブランド「クロヤギ座」のほか、イラストやデザインの活動をしている。"クラシカルで詩的なものを日常に"が制作のテーマ。
http://www.kuroyagiza.com

p.28　ハト（カード）／ねずみ（ぽち袋）／ユニコーン（シール）／ブーツ（シール）
　　　モノグラム（レターセット）
p.29　ねずみ（ポストカード）／ネズミの紋章（ポストカード）／鳥かごとカナリア（カード）
　　　宝石（カードセット）

[作品取扱店／ギャラリー]
クロヤギ座 Web サイト（http://www.kuroyagiza.com）、36 sublo、Tette、
music & zakka Lykkelig、Marilu、THE STABLES、FRED&PERRY ほか全国に取扱店あり
（詳しくは Web サイトに掲載）

寺西 真希

テラニシマキ / teranishi maki

[30-31]

まるで違う網膜で世界を見ているようなのに、形と色の組み合わさりが心地よい。何を描いているのか聞いてみたら、モチーフは彼女の日常。「きこえてくる音や目に見たもの、皮膚に残る温度、匂いや感触、人とかわした言葉、とじこもった記憶、とおりすぎていってしまうそれらの中からどうしようもなく滲みでてきたもの」。忘れてしまうことが悲しく、形にしてとっておきたいという思いから描かれる。美しい色彩は日々の記憶と交差して、むくむくと形づけられていた。

1981年兵庫県生まれ。京都精華大学芸術学部卒業。京都を拠点にして、展覧会、オリジナル雑貨の制作販売などを中心に活動している。
http://makiteranishi.net
info@makiteranishi.net

p.30　やさしい日曜日(小作品)
p.31　レターセット／ポストカード／シール

[作品取扱店 / ギャラリー]
Marilu

遊星商會

ユウセイショウカイ / Planet&Co.

[32-33]

クラシカルな理化学系モチーフを偏愛し、雑貨に落とし込む独自の方法で、懐かしくも目に新しい世界を築いている。印刷の微妙なかすれや滲みまで、レトロな作り込みが徹底していて心地よい。透け感のある紙に印刷された金色の星図が、五角十二錐体に組み立つ不思議なオブジェ、「星晶儀」の美しさはひときわ。

fumineと芹沢文書による雑貨制作を主体としたデザインユニット。2002年より理化学モチーフを中心に文具などの雑貨を制作。現在、Webでの小売販売のほか、雑貨店への委託、卸などを中心に活動中。
http://planet-and-co.net

p.32　星晶儀模型紙／星屑紙
p.33　(上)星図＆星座図レターセット
　　　(下)理科の手帳／春の手帳

[作品取扱店 / ギャラリー]
遊星商會 Webサイト(http://planet-and-co.net)、HANA*ZAKKA Ｒａｎａ、SpicaRocca、mf collection gallery、ねこの隠れ処、clueto ほか
※メールで問い合わせ可能(info@planet-and-co.net)

夜長堂

ヨナガドウ / yonagadou

[34-35]

レトロモダンな大正、昭和の図柄を復刻したペーパーシリーズは、デザインごとに紙の質感や印刷にこだわった、風合いのある商品。定期的に増えていく絵柄のバリエーションは、目で追いかけるだけでも楽しい。夜長堂が企画から関わった「ダイビルカード」は、喫茶店 大大阪とハグルマ封筒のコラボレーションで生まれた、類を見ないカードセット。大正14年に建築されたモダンなダイビルを象ったカードと、洗練された封筒の組み合わせが贅沢。イラストは活版で印刷されている。

1975年大阪府生まれ。古道具を通じて、色々なショップやアーティストたちと様々な形態のコラボレーション企画を開催運営する。2006年頃より昔の着物や羽裏の図柄などを懐かしい風合いのペーパーに印刷した、モダンペーパーシリーズの販売を開始。現在もジャンルを越えて活動中。お店はなくてもいつもどこかでOPENしている。
http://www.yonagadou.com

p.34　モダンペーパー「音楽隊」／「おもちゃの神様」／「おしゃれさん」
　　　「あこがれタワー」／「people」／「おとぎの国」／「水玉」
p.35　（上）ミニペーパー＆封筒「スワン」「ラビット」
　　　（下）大阪名品喫茶 大大阪 - ダイビルカードセット

[作品取扱店 / ギャラリー]
恵文社一乗寺店、大阪名品喫茶 大大阪、nino、collabon、carbon

花月総本店

カゲツソウホンテン / kagetsu sohonten

[36-37]

便箋としても使える300字詰の原稿用紙は「アメリカから能登の小学校に移った息子が、作文に手を焼いているのを見て」思い付いたもの。絵でも描けばいいと削った100字分の余白が様になっているのがどこか可笑しく、楽な気持ちで書けるようにとゆるゆると手描きされたカラーの升目が温かい。少し厚手の封筒用紙は、仕立てるとお供の封筒に。白地図帳は「のとじま手まつり」のイベントで、島を訪れた人が自分の感じた能登島を描き込み、持って帰れるようにと作ったもの。器のような形を開くとき、島に繋がる記憶や感覚を呼び覚ます、小さな風が起こる。

萩のゆき。1966年東京都生まれ。日本女子大学住居学科卒業。在学中より神保町のstudio livreで手製本を学ぶ。米国生活を経て石川県の能登へ移り住み、山あいの暮らしの中で自らが欲しい日用品を中心に、ジャンルにとらわれないデザイン・制作をしている。老舗のお店の商品企画やパッケージデザインなども手掛ける。

p.36　原稿用紙、封筒用紙
p.37　白地図帳

[作品取扱店 / ギャラリー]
花月総本店、SHIZEN、あうん堂、collabon、fu do ki（赤木智子の生活道具店）、菜の花
※電話で問い合わせ可能（0768-26-1666）

芳賀 八恵

ハガ ヤエ / YAE HAGA

「Harmony」は点描による絵本。真っ白な表紙を繰ると、集まり、流れ、変化する色彩の世界に引き込まれる。蛇腹を広げると浮かび上がる一枚の絵は、見事な調和を見せる或る物語。絵本の可能性に触れる、ミニマムでイリュージョナルな美しい作品。活版印刷機で手刷りされた栞や、わら半紙のブックカバーなど、オリジナルグッズも風合いがあって楽しい。

1975年福岡県生まれ。絵本作家・デザイナー。武蔵野美術大学視覚伝達デザイン学科卒業。個人出版社8plusを主宰し、絵本を中心とした出版物の刊行を年間2冊のペースで行う傍ら、オリジナル雑貨も制作。小さなレーベルならではのこだわりを持った本づくりを目指している。
http://www.welcome-8plus.com

p.38　Harmony（絵本）
p.39　（上）Harmony（絵本）
　　　（下）ブックカバー／しおり

[作品取扱店／ギャラリー]
8plus Webサイト（http://www.welcome-8plus.com）、つくし文具店 ほか

森 友見子

モリユミコ / yumiko mori

どれも思わず触れてしまう、表情豊かで美しい再生紙の作品。相模湖のアトリエを訪ねたとき、暮らしに違和感無く溶け込むアートと、アートを違和感無く包み込む家が、自然の中で響き合って立つ姿に胸を突かれた。子どもたちの机のそばで生まれる白くやさしい造形は、日々を受け止めきらきら息づく光の器のようである。

1971年東京都生まれ。武蔵野美術大学基礎デザイン学科卒業。身近な紙を再生し、それを素材として作品をつくる。1996年より生活・制作の拠点を神奈川県相模原市相模湖町に移す。年数回、個展、グループ展に出品し、美しいかたちを追求しながら、暮らしの中での健やかなものづくりを目指している。
http://www.mori2005.com

p.42　小レリーフ - 階段、家／小箱 - 小、中
p.43　（上）モビール - 数字
　　　（下）丸小皿／雲形皿 - 小　いずれも再生紙の造形

[作品取扱店／ギャラリー]
ヒナタノオト、sahanji+、マンマミーァ

森田 千晶

モリタチアキ / morita chiaki

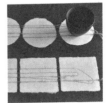

和紙のおおらかさとコンテンポラリーな感性が溶け合った作品は、繋ぎ模様の型で漉いたタペストリーから連なりのコースターまで、どんな空間にも映えるデザイン。使い方も受け手次第で、コースターはちょきちょき切ってカードとして贈ってもよいし、蛇腹にたたんで両端を括ればノートになる。しなやかな「花文様」はボディオーナメントのように纏うこともでき、限定的な和紙のイメージをやすやすと超える。

1974年埼玉県生まれ。女子美術短期大学造形学科生活デザイン専攻卒業。アクセサリーデザイン会社を経て、小川町和紙体験学習センターでの講座受講をきっかけに、同センター勤務。2006年「和紙のしごと大賞コンペティション」で大賞受賞。現在アトリエ線路脇にて、原料となる楮を一部栽培し、オリジナルの和紙を漉いて創作活動中。
http://www.senrowaki.com

p.44　風景柄　　p.45　雪の結晶　　p.46　花文様
p.47　（上）coaster
　　　（下）envelope／postcard　いずれも手漉き和紙

[作品取扱店／ギャラリー]
器 hibito
※アトリエ線路脇 Web サイトよりメールで問い合わせ可能（info@senrowaki.com）

内野 敏子

ウチノトシコ / UCHINO TOSHIKO

和紙から作られる水引は、繊細で張りのある素材。食卓が凛と華やぐカラフルな花箸置きは、水引の魅力を存分に伝える。紅一色の梅結びは曲線がきりりと映える、美しさと愛らしさを兼ねた結び。お祝い袋にのった佇まいは何ともいえず可愛い。どちらもカジュアルに使える、時代と調和したセンス溢れる作品。

1963年熊本県生まれ。武蔵野美術短期大学卒業。横浜在住の1995年より水引工芸、2000年よりバスケタリーを始める。現在熊本にて実店舗「しろつめ」を運営しつつ、「普段の暮らしに水引を」をテーマに日々制作を続けている。
http://full-circle.web.infoseek.co.jp

p.48　花箸置き（水引）
p.49　梅結び（水引）／梅結びの祝儀袋

[作品取扱店／ギャラリー]
ぐらすはうす、しろつめ、プレイマウンテン ほか

野中 光正 [50-53]

ノナカミツマサ / NONAKA MITSUMASA

矩形の重なりから成る作品は、透明感があり極めて洒脱だが、近付いてみると、版からうつった刷毛目や紙から、手の温もりや生きた素材の質朴さが伝わってくる。絵の具はすべて手作りし、紙は、自身が移り住んで紙を漉いていたこともある、新潟県柏崎市高柳町「高志の生紙工房」の手漉き和紙を使用。手作業で裁断し糊付けして作られるぽち袋は、作品の試し刷りなどから偶然のトリミングで生まれたもの。

1949年東京都生まれ。生まれ育った阿部川町は、絵師や彫師、摺師に版木屋、江戸時代から職人が集まる、木版画と縁深い下町。18歳の頃から絵画、版画に取り組み始め、太平洋美術研究所、渋谷洋画人体研究所にてデッサンを学ぶ。1984年から現在まで、ゆーじん画廊(渋谷)での個展で作品を定期的に発表しており、近年は「天の邪鬼」という工房名で紙雑貨の卸しも行っている。

p.50　木版画 – 930630　縦240mm×横163mm
p.51　ぽち袋　縦93mm×横60mm
p.52-53　木版画 – 990707, 990704, 990703, 990706　縦480mm×横240mm

[作品取扱店 / ギャラリー]
ゆーじん画廊〈版画作品〉、養清堂画廊〈版画作品〉、
SHIZEN〈紙雑貨〉、ブックギャラリー ポポタム〈紙雑貨〉

古賀 充 [54-55]

コガ″ミツル / mitsuru koga

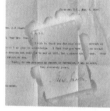

ちぎる際にも加減のすべてをコントロール下には置かず、"手紙がメモになろうとする"力を借りたかのような「PAPER IN PAPER」。スケッチブックを雲に見立てた「PAPER CLOUD」も然り。紙に「お前は何だ?」と問いかけ、そっと手を貸し、紙が紙であることの続きを見せてくれる。アートという名の空想だが、根も葉もないことではない。

1980年神奈川県生まれ。造形作家。石、葉、流木、紙など日常の中で出会った素材との関係性を作品にしている。手でものを作ることを出発点に展覧会、雑誌、本など様々な方向から作品を発表。近刊に絵本「いしころ とことこ」(福音館書店)がある。
http://www.mitsuru-koga.com

p.54　PAPER IN PAPER – memo
p.55　(上) PAPER CLOUD – balloon
　　　(下) PAPER CLOUD – jet

飯田 竜太

イイダ"リュウタ / ryuta iida

[56-57]

真っ二つになった本。新たな接触の道を探ろうとあらゆる角度から見つ
めていくと、建築物のように立ち上がり、この世のどこでもない美しい
場所に導かれることになる。読み手のコントロールが利かない刻まれ
た景色の上で、意想外の充足感に包まれるから不思議。

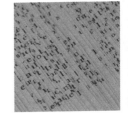

1981年静岡県生まれ。日本大学芸術学部美術学科で彫刻を専修。目に見えない
言葉や文字の存在、いわゆる情報の集合体に惹きつけられ、作品を制作してい
る。紙や文字を媒体にし、時間とともにパッキングされた集合体として本を扱うこ
とで、彫刻作品としての本を成立させる。カッティングなどの手法によって本の中に
現れる景色から、文字情報をはるかに超えた緻密な情景を垣間見ることができる。
2007年9月大阪 graf media gmにて個展「fact of accumulation o7」、7月東京
bunkamura galleryにて個展「oratorycal inventory o7」など、精力的に活動を続
けける。2008年10月にはTakuro Someya Contemporary Artにて個展が企画
されている。
http://www.ryutaiida.com

p.56-57 I see, I can't see -st-

西舘 朋央

ニシタ"テトモオ / TOMOO NISHIDATE

[58-59]

段ボールや雑誌の切れ端、チラシやお菓子の包み紙など、どこにでもあ
る紙きれやゴミが、たちまち予感に充ちた画面を構成する。色や質感
の差がヴィヴィッドに目に飛び込んでくる作品は、ノイズと洗練という
矛盾をはらみ、感覚をざわつかせる。

1978年千葉県生まれ。成城大学経済学部卒業。音楽制作会社に勤務後、2004年
より旅先で拾い集めたゴミを即興コラージュした作品をジンやポストカードにして
発表し始める。現在は都内を拠点に、展覧会を行うほか、雑誌、CDジャケット、ア
パレルブランドのアートディレクションなども手掛けている。またユニクロ「UT」や
「graniph」よりTシャツを発売。自身の作品集にUtrechtから発売された「BOOX」
がある。
http://www.tomoonishidate.com

p.58 number 3 (コラージュ)
p.59 My chair is shy of stranger／Imprint on Road／LOST PIECES 2004
    LOST PIECES 2005／LOST PIECES 2006／ORGANISM

[作品取扱店/ギャラリー]
CIBONE, SOUVENIR FROM TOKYO, BOOK246, Utrecht, YEBISU ART LABO FOR BOOKS

PAPIER LABO.

ハ゜ヒ゜エラホ゜

[60-61]

余ったチラシやしわくちゃの紙、刷り損じの紙といった、厚さもサイズ
も質感も違うランダムな紙から作られる、1点ものの箱。絶妙なトリミ
ングは、横浜にある竹内紙器製作所の職人、堀木さんの手によるもの。
取り都合の悪い紙同士を貼り合わせるなどして、手数をかけて作られて
いる。箱というパーフェクトなフォルムに味な紙を纏った、唸るほど格好
いいプロダクト。

活版印刷と紙好きの3人のディレクター、ランドスケーププロダクツのデザイナー
江藤公昭、オールライトグラフィックスのグラフィックデザイナー高田唯、動物をモ
チーフにしたカードの制作・販売を手掛けるサブレタープレスの武井実子によって
2007年6月にオープンした、紙にまつわるプロダクトのお店。
http://www.papierlabo.com

p.60-61 BOX

MAKOO

マコー

[62-63]

輸入用の包材やザラ紙を使い、色柄も風合いも1点ずつバラバラ。中紙
をわざと不揃いに裁断するなど、現代の日本で作られているとは思え
ない手の跡をディテールから感じさせる、味と色気のあるノートたち。
羊毛紙の表紙にニットアーティストがデザインした編み柄を浮かび上が
らせた「羊毛紙ノート」や、ペンを表紙裏に収納できる新作のノートは、
新しい質感と視覚効果で強い存在感を放つ。

壽真琴。山梨県生まれ。アパレル業界でのファッションディレクターを経て、2004
年 MAKOO設立。若手アーティストとのコラボレーションによる様々なディレクショ
ンを手掛ける。2005年日本パッケージデザイン協会「優秀デザイン賞」受賞。リユー
スをコンセプトとしたノートブックシリーズは、海外でも注目されている。

p.62 ペーパーパック・ノート-和紙／ペーパーパック・ノート-ダンボール
    ペーパーパック・ノート-パルプ／メモ・ノート-パルプ
p.63 羊毛紙ノート（ニット）

[作品取扱店／ギャラリー]
MoMA (NYC, Tokyo)、SOUVENIR FROM TOKYO、IDEE、金沢21世紀美術館 ほか
※メール、電話で問い合わせ可能 (makoo1@mac.com / 090-8645-6212)

都筑 晶絵

ツヅキアキエ / Akie Tsuzuki

自らの感性と手の感覚を大事にし、人の手に渡る作品の隅々にまで心を砕いているのが分かる、びしっと美しくも風合いのある製本。一つ一つの作品に個性を持たせつつ、シンプルでモダンなプロダクトとして完成させている。機能とデザインの調和といった点で、これらの製本はつくづくパーフェクトであるように思う。

1979年愛知県生まれ。多摩美術大学卒業。在学中にフランスで手製本に初めて触れ、2007年にスイスの製本学校で色々な製本方法を学ぶ。2008年3月からTypeShop_gにて製本を教えている。

p.64-65, 67, 69　手帳
p.70　スイスの学校で制作した本
p.71　カードフォルダー

[作品取扱店 / ギャラリー]
Roundabout, PAPIER LABO.

ゼンマイカムパニー

Zenmai Company

切手を貼る。色をのせる。線を入れる。この順序以外に決まりはない。2人の間で打ち合わせもない。すべてが1点もの、の、即興。接触の瞬間が生むエネルギーを尊重し、手にする者、見る者の想像や感情に委ねるスタンスが、制作当初から貫かれている。旅立った膨大な数の葉書たちは、今も誰かの手のひらにおりて、新たな心と共振しているのだろう。

高濱浩子とミキシゲトによるアートユニット。1999年結成以降、代表作「旅する切手」を制作・発表し続ける。一連の葉書は、使用済み切手と高濱の色、ミキの線によって構成される。一度役目を終えた切手が再び誰かと出会い、郵便物として旅立つ。手のひらから広がる空想旅行を提案したこのシリーズの制作枚数は、2万5千枚を優に越える。
http://www.ne.jp/asahi/zenmai/company/

p.74-75　旅する切手

[作品取扱店 / ギャラリー]
ブックギャラリー ポポタム

高濱 浩子 [76-77]

タカハマヒロコ / TAKAHAMA Hiroko

絵画シリーズ「私書箱1284」のモチーフとなっている切手は、貿易商を
していた父親の元へ届いたエアメールから剥がしたもの。知らない国の
消印が押された切手を、小さな手のひらに乗せて思い巡らせていた世
界。父親が使っていた神戸中央郵便局の私書箱1284番は、ふたつの世
界を繋ぐ通路のようだという。送り、伝え、繋がるための寸法である葉
書サイズの作品は、裏面に押された割印でひと続きとなり、それぞれが
別の手に渡ったあとも繋がり続ける。

1969年兵庫県生まれ。画家。
http://www.ne.jp/asahi/zenmai/company/

p.76-77 私書箱1284

[作品取扱店 / ギャラリー]
ギャラリー島田、ブックギャラリー ポポタム

山本 佳世 [78-79]

ヤマモトカヨ / Yamamoto Kayo

対になった「昼の豆本／夜の豆本」はとりどりの質感が織り成す幻想的
な物語。「陽炎」はイラストボード、「はみ出した心」は画用紙をベース
に、様々な紙でコラージュされている。ファンタジーを醸しつつ、適宜な
場所からほんの少しずらして甘い毒を足す、シニカルでコミカルな視点
が絶妙。

大阪府生まれ。デザイン事務所での勤務を経て、現在フリーのグラフィックデザイ
ナー。同時にコラージュ作家として活動中。古い印刷物をはじめ様々な紙類を蒐集
していた中で、それらを使って何か表現できないかという思いから創作活動を始め
る。今後は例えば、書籍の装釘のビジュアルとしてなど、コラージュの作風を活かし
た仕事を広げていこうと考えている。
LUSIKKA design http://www.k2.dion.ne.jp/~kayo_co/

p.78 昼の豆本／夜の豆本 縦72mm×横全長285mm
p.79 (上)陽炎 縦200mm×横200mm
　　 (下)はみ出した心 縦265mm×横390mm　いずれもコラージュ作品

[作品取扱店 / ギャラリー]
LUSIKKA design Webサイト(http://www.k2.dion.ne.jp/~kayo_co/)、foo、雑貨店カナリヤ
※メールで問い合わせ可能(kayo_colle@r6.dion.ne.jp)

みやまつともみ
Tomomi Miyamatsu

紙の質感が豊かなふくらみを与える画面に、にごりがないことに驚く。
モチーフの素材感や、そこにうつる柔らかな光まで表現された、色合い
と姿の美しい貼り絵。紙の毛羽まで見える原画には、周囲をじんわり照
らすような温かみがある。

1972年神奈川県生まれ。理学部生物学科卒業。2001年よりフリーのイラストレー
ターとして雑誌、書籍、個展を中心に活動中。色々な紙を使った貼り絵や、銅版画な
どの手法で、生活用品、動物、植物などを描いている。
http://www.h2.dion.ne.jp/~miyamatu/

p.80　ケトル
p.81　椅子　いずれも貼り絵

[作品取扱店 / ギャラリー]
しろつめ、museum cafe BANANAMOON、巣巣

mitsou
ミツ

たとえばぽとっと垂れるインキ、滲む墨、手で引く線。そういったアナ
ログの余韻を再認識させられる作品。素材を見つめることから生まれ
る一貫した美意識で、画は野蛮に振る舞うことなく紙と響き合い凛とし
て、美しい姿をみせている。

奥村麻利子。1973年福岡県生まれ。イラストレーター、布と紙のアーティスト。個展、
服飾デザイナーとの二人展『chiclin et mitsou』を中心に、布や紙の雑貨やイラス
トを発表している。また、岡山の倉敷意匠分室の小物などのデザインも手掛ける。
著書に「簡素な暮らし」（WAVE出版）がある。
http://www.mitsou.org

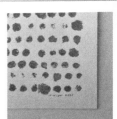

p.82　綿
p.83　（上）少女A
　　　（下）空　いずれもイラスト

[作品取扱店 / ギャラリー]
mitsou Webサイト（http://www.mitsou.org）、木テーブル、sahanji+

karen_iroiro
カレンイロイロ

[84-85]

手触りのある紙に刷られた可憐なモチーフの銅版画は、現実風景の片
隅にイノセントな少女の心を重ね合わせて幻視したよう。淡い光に包ま
れた仄かで脆げな世界は、8ミリフィルムを見ているような懐かしさを
呼び覚ます。

橋本果懸。大阪府生まれ。銅版画作家。京都芸術短期大学(現: 京都造形芸術大
学)卒業。デザイン事務所にてグラフィックデザイン、イラストレーションの仕事に
携わった後、銅版画と出会い、大阪の工房と自宅のプレス機を使用した銅版画制作
を始める。2007年に銅版画作品をもとにした雑貨の企画制作を行う karen_iroiro
を設立。「日常の中で見つけたおとぎの国」をテーマに無邪気で愛らしいものを目
指し、幸せな少女時代を思い出すようなデザインを提案している。
http://web.mac.com/karen_iroiro/

p.84　ポストカード「花の名前」／蔵書票「ひだまり」／グリーティングカード「紫の夜」
　　　ポストカード「blue flower」「林檎」／ミニカード「red onion」「ねぎぼうず」
p.85　銅版画「いすと鳥」

[作品取扱店 / ギャラリー]
karen_iroiro Web サイト(http://web.mac.com/karen_iroiro/)
※メールで問い合わせ可能(karen_iroiro@mac.com)

カトレア草舎
カトレアソウシャ / katorea sousha

[86-87]

カードや便箋などに展開される、物語を宿した温かい絵は、古書の頁
に直接描き込まれる。塗り潰された背景から時折覗く朧げな活字が、
絵からこぼれ落ちる言葉のようで面白い。「琳派の鳥と花のカード」は、
細見美術館(京都)の ARTCUBE SHOPのみで販売されているもの。
同館のコレクションをモチーフにして、表裏に花鳥を描き起こしている。
琳派の図の瑞々しさを切り取り、若い世代へと伝える、貴重なプロダク
トではないだろうか。

松尾和夏。1983年京都府生まれ。京都造形大学卒業。本棚の奥にしまってあった
古い絵本のような、季節の移り変わりをページをめくるように感じられる、絵と小物
を制作している。
http://www.katorea.xii.jp

p.86　オミナエシ、オケラ(しおり 原画)
p.87　(上)すずめ(文庫ノート 原画)／月夜の白鳥(葉書 原画)
　　　(下)細見美術館 - 琳派の鳥と花のカード

[作品取扱店 / ギャラリー]
THE STABLES, at home, music & zakka Lykkelig, みずいろ, 細見美術館 ARTCUBE SHOP,
alphabet, 恵文社一乗寺店, Luna-es, ブックギャラリー ポポタム

Atelier.Sumire.Gingetsu

アトリエ*スミレ*ギンゲツ

[88-89]

すみれノオトブックは、薄紙や蝋引き紙、チラシや包装紙など、味わい深い紙が一冊に綴じられた、スピン付きのスクラップブック。ところどころコラージュされていたり、ポケットに切手やすみれの種が忍ばせてあったりと、使い手の心をかきたてるつくり。思いを丁寧に綴るための柔らかな便箋や、アンティークのような蔵書票など、紙であることにこだわった雑貨は、和と洋が馴染んだ魅力的な佇まい。

京都の古い洋館アパートメントをベースに、紙好き仲間が集まって、書くこと、読むことの周辺にある紙もの雑貨作りをスタート。2007年7月よりWebショップをオープン。アトリエの名前にもあるスミレをテーマに、本来なら捨てられる運命にある紙(校正用のゲラ用紙、ニュースリリース、包装紙、DM、和紙など)のリサイクルを考慮した、スクラップブックやレターセット、蔵書票などの雑貨をデザイン。デザインから制作までのすべてを手作りで行っている。
http://sumire-gingetsu.petit.cc/apple1/

p.88　すみれノオトブック
p.89　(上)すみれノオトブック
　　　(下)すみれの蔵書票/コラージュデザイン便箋

[作品取扱店/ギャラリー]
Atelier.Sumire.Gingetsu Webサイト(http://sumire-gingetsu.petit.cc/apple1/)、
恵文社一乗寺店、みずいろ、music & zakka Lykkelig

関 美穂子

セキミホコ / seki mihoko

[90-91]

温かくて覚めるのが惜しい夢の一刻が染まった、リズミカルな色彩の蔵書票。図案は和紙にのった模様ではなく、ない合わさって紙そのものになっている。書物の中で時を抱え、どんな風合いへと変化するのか。未来にまで思いを馳せる、趣きのある作品。

1980年神奈川県生まれ。2000年より京都の染色家堀江茉莉に師事し、型染めを始める。この技法で、着物、帯からタペストリー、紙まで幅広く染色している。型染めで和紙に染めたものを原画に、絵本の挿絵、CDジャケットなどのイラスト、雑貨のデザインも手掛ける。
http://sekimihoko.exblog.jp

p.90　終わらない読書
p.91　(上)睡魔
　　　(下)ナイチンゲールの夢　いずれも蔵書票(和紙に型染め)

[作品取扱店/ギャラリー]
恵文社一乗寺店、紙の温度

Papirklip
パピアクリップ

見えない空気の動きに反応し、ゆらゆら揺れるパピアクリップ。音楽を
奏でる動物たちは、手で切り出されたとは思えない細やかな表情に、
豊かな個性をたたえている。夢幻の世界をたゆたうピースと、凛とした
エッジのディテールは、眺め飽きない。

吉浦亮子。1977年岩手県生まれ。デンマークで出会った手作りモビールに影響
を受け、モビール作りを始める。デンマーク語で「パピア -papir-」は紙、「クリップ
-klip-」は切るという意味。オブジェを吊らした針金でバランスをとるモビールで
はなく、デザインナイフを使って丁寧に切り出した紙を、糸でつないでいく繊細なモ
ビール。デザインから制作まで自身で行う。定期的な展示・販売のほか、ファッショ
ンブランドやブライダル施設のクリスマスディスプレイなども手掛けている。
http://papirklip.jp

p.92　サーカス楽団／ピアノを叩くサギ
p.93　ダチョウの行進／くも／リスとセイウチとぺんぎんの音楽隊

[作品取扱店／ギャラリー]
Papirklip Webサイト (http://papirklip.jp)
※メールで問い合わせ可能 (info@papirklip.jp)

Cucumber tea
キューカンバーティ

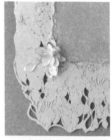

紙を浮かび上がらせるために紙に刻み込み、レース状の穴をあける。白
色のピュアさと危うさを共に紡ぎ出す独自の造形は、額やカード、オー
ナメントなどの雑貨に落とし込まれて、むしろ異色さを増している。行
為の痕跡を目と手でなぞると、紙の有機的な存在感が立ち上がり、心
を寄せずにはいられない。

金子祐梨子。1985年東京都生まれ。2008年多摩美術大学美術学部絵画学科油
画専攻卒業。在学中より、紅茶とコーヒーで染めた布を素材とした作品制作と同
時に、紙をレース状にカットする、紙のみで作り出す作品制作を始める。2006年5
月、ギャルリー東京ユマニテにて、若手作家のための企画個展 humanite lab vol.12
「innocent」展。2006年9月から、代官山のショップ・ggにて布製のコサージュやア
クセサリー、紙レースによるカレンダー、グリーティングカードなどを販売している。

p.94　A Drop of Garden（額）
p.95　（上）Ornament
　　　（下）Butterfly Card

[作品取扱店／ギャラリー]
gg

竹内 絵美
タケウチエミ / EMI TAKEUCHI

紙に展開されるグラフィカルな世界は、日々のかけらをやさしく組み立てて築く、新たなコンテクスト。ゆるゆるとしたぬくみと、幾何学のピースという、異質な要素の混じり合いが愛しい。しららさんの「紙の積木」(p.99)のペイントも彼女の手によるもの。

1980年愛知県生まれ。デザイン事務所勤務を経て、アーティストの作品を扱う店で働いたことをきっかけに作品を作り始める。現在は定期的に個展を開催しながら創作活動や音楽活動を行っている。
http://ooo.main.jp/e_t.html

p.96 あたたかいおと - 小さな本の箱＆ミニカード（製本: KaoPoK）
p.97 （上）あたたかいおと - ポスター／カード
　　　（下）影の記憶と雨の贈り物 - 長方形メモ帳

しらら
SHIRARA

オブジェを好きな間隔で繋いでいくモビール、自由に絵を描いてから組み立てる積木、輪にするだけでエンボスの装飾が浮き立つティアラ。いずれも手にした人が白い（しらら）紙の魅力をシンプルに見いだせるプロダクト。素材の優美さを生かしてここまで遊べるという、用意と提案が秀逸。

デザイン事務所の株式会社コミュニケーション・エンジニアーズと、ヨシダ印刷株式会社のコラボレーション事業として2006年に生まれたブランド。手にした人によって完成されるペーパーアイテムを中心に、紙の優しさを生かした商品を製作している。
http://www.shirara.jp

p.98 消臭紙で作ったモビール (Designer: Junko Uchida)
p.99 （上）ペーパーティアラ (Designer: TOMITAMA)
　　　（下）紙の積木 (Designer: Mai Miura)
　　　紙の積木のペイントは竹内絵美さんの手によるもの。

[作品取扱店／ギャラリー]
しららオンラインショップ(http://www.shirara.jp)、caina.jp、
SOUVENIR FROM TOKYO〈モビールのみ〉

安達紙器工業

アダ"チシキコウギ"ョウ / adachi shiki kogyo co.,ltd.

特殊紙「バルカナイズドファイバー」を用いて作られた Paper Made シリーズは、紙とは思えない硬質さと、手に馴染むなめらかさを併せ持ったステーショナリーシリーズ。葉のフォルムを連想させるペーパーナイフは、実用の美そのもの。リバーシブルなデザインのフラワーベースやペーパーウェイトは、モノクロストライプの凛としたコントラストが空間に新鮮なアクセントをもたらす。いずれも不燃ゴミにならず、環境への負荷が低いプロダクト。

1942年創立。高度な加工技術で「紙・技・多・才」を実践し、椅子や鞄、担架などあらゆる分野への紙素材の応用に挑戦している。紙で紙を切るという新しい発想で作られた「Paper Made Paper Knife」は、デザイン・プラス賞(ドイツ)、グッドデザイン賞などを受賞している。
http://www.adachishiki.co.jp

p.l00 Paper Made Hourglass (Designer: 田澤広之)
　　　 Paper Made Flower Tube (Designer: 田澤広之)
p.l01 (上)Paper Made Paper Knife (Designer: 安次富隆)
　　　 (下)Paper Made Magnifier (Designer: 田澤広之)
　　　 Paper Made Paper Weight (Designer: 田澤広之)

かみの工作所

カミノコウサクシ"ョ / kaminokousakujyo

モノトーンの模様違いのカードから、色々な動物が起き上がる様が楽しい「白黒動物」。ハサミも糊も使わない組み立てが、かちりかちりと指に心地よい。「ブロックトレイ」はメタリックな質感と、折りで作るという組み合わせが新鮮。「アドレストレイ」は何といっても、ぐるぐる回しても取れないカードを、ひょいと引き抜ける(そして戻せる)設計の妙。手で書く楽しみを思い出させてくれる。

2006年4月1日設立。紙を加工してできるモノの可能性を追求するプロジェクト。東京の立川にある印刷紙器会社「福永紙工」の工場をベースに、プロデューサー萩原修、ディレクター三星安澄、マネージャー山田明良の3名が中心となり企画運営。多くのデザイナーとともに、展覧会の企画やオリジナル商品の開発、デザイン・製造サポートなどを行っている。
http://www.kaminokousakujo.jp
福永紙工株式会社(担当: 山田明良)
東京都立川市錦町6-l0-4　tel: 042-523-l5l5

p.l02 白黒動物 (Designer: EDU)
p.l03 (上)BLOCK TRAY (Designer: ドリルデザイン)
　　　 (下)ADDRESS TRAY (Designer: andesign)

to-kichi
トーキチ

[106-109]

主人公（であるはずの）daddyの曰くありげな気配に、微笑んだりひるんだりさせられる、コラージュブック「good daddy」。あらゆる質感の紙を使って描かれた daddy にまつわる場面に、イマジネーションが膨らむ。紙立体「car」もまた、様々な紙が絶妙なトリミングでミックスされた作品。底やタイヤに現れたプリントが可愛い。

1979年北海道生まれ。東京藝術大学卒業。紙素材をメインに、シルクスクリーン・凹版・コラージュ・立体作品を制作するアーティスト活動のほか、デザイナーとして主に広告のデザインを手掛けている。
http://www.to-kichi.com

p.106-107　good daddy　習作 2006（コラージュブック）
p.108　good daddy　習作 2006 - 表紙・裏表紙
p.109　car　習作P ver.2（紙立体）

[作品取扱店 / ギャラリー]
ブックギャラリー ポポタム〈daddy シリーズ〉、
GALLERY it's〈シルクスクリーンのポスター、紙版画、紙立体など〉

井上 陽子
イノウエヨウコ / Yoko Inoue

[110-113]

灼けた紙、朽ちたマチエール。素材が辿った記憶を行き来する、奥行きのある作品で、他では見ることのできない、揺るぎない世界観を確立している。褪せた色合いの中で、繰り返されるスクエアが気持ちよい。

1975年滋賀県生まれ。京都造形芸術大学卒業。イラストレーター、クラフト作家。書籍などの装画を手掛けるほか、雑誌でコラージュの作り方を公開している。雑貨メーカーとのコラボレーションで商品化されているものにカレンダー、ダイアリー（MARK's）、ポスター、カード（キャトルセゾン）、ラッピンググッズ（倉敷意匠計画室）などがある。
http://craft-log.at.webry.info

p.110-111　紙箱
p.112　写真ノート

[作品取扱店 / ギャラリー]
森岡書店、iTohen、PAPIER LABO.

HAND MADE & DESIGN Set
セット

錆びたクリップといいざらついた封筒といい、そのディテールに触れると、月日を経て流れ着いた瓶の中に見つけたような感慨を覚える。裏返し、斜めに傾げ、崩れ落ちないようにそっと封を開ける。決して量産化されない、贅沢な、そしてたぶん究極のレターセット。その名の通り、大事な大事な人に宛てたい。

岡崎真悟。1979年大分県生まれ。独学でデザインを学び、現在フリーのデザイナーとして活動中。Setでは、ハンドメードにこだわった作品を制作販売している。
http://settos.exblog.jp

p.114-115　大事な人に贈る手紙

[作品取扱店 / ギャラリー]
PAPIER LABO.
※ Set Blog サイトよりメールでオーダー・問い合わせ可能(settos@excite.co.jp)

punohana
プノハナ

おおよそ高さ4.5センチ×幅3.5センチ×マチ1.5センチの、小さな小さな紙袋。袋部分には普通紙やトレース紙、グラシン紙などが、取っ手部分には蝋引きの紐、水引、リボンなどが使われている。巧妙なコラージュによるデザインは一つとして同じものがなく、形への愛着に溢れている。底のマチ部分をたたむときの指触りがこの上なくよい。

秋山知子。1975年兵庫県生まれ。ちいさい袋の制作は、高校生の頃に百貨店の包装紙や縮小されたロゴを利用して、ショッピングバッグのミニチュアを作り始めたことがきっかけ。2005年、ちいさい袋作家活動を始動。半年に1回ペースでイベント出品、展示・販売を行っている。
http://punohanag.exblog.jp

p.116-117　ちいさい袋

辻 恵子
ツジ"ケイコ / Tsuji Keiko

[118-121]

包装紙や新聞紙のようにどこにでもある紙きれから、小さな人々が洒落た服を纏って瞬く間に踊り出す。その生き生き加減は、ちょっと目を離した隙にどこかへ行ってしまうんじゃないかと心配になるほど。女の子がポツンと挿絵された便箋や、小さな貼り絵のノートやカード、木版画の蔵書票など、くるくると多才な作品が楽しい。

東京都生まれ。文化学院文学科卒業後、セツモードセミナーにて素描を学ぶ。印刷物などに元々ある色を活かし、人物像を切り取る独自の切り絵作品を作る。展覧会での作品発表のほか、装画や題字、挿し絵、絵本など、書籍の仕事も手掛ける。
http://www.tsujikeiko.com

p.118　切り絵 - a
p.119　切り絵 - Fun／日本／W
p.120　豆ノート
p.121　(上)蔵書票
　　　　(下)便箋／ミニカード／ポチ袋

[作品取扱店／ギャラリー]
イリアス、collabon、6 words ほか

9 square
ナインスクエア

[122-123]

レターセットは切手サイズ、カード類やノートブックは薬指の爪サイズ。何とかして書き込んで使いたいと思わせる、細心にして伸びやかなミニチュアの紙ものたち。子どもの手のひらにも乗るサイズの「dream」シリーズは、家の中まで巧みに仕立てられ、ちらちらと瞬く灯りを点すことができる。小さいものの存在感は、人を惹き付けてやまない。

2005年夏より、ちいさいものを対象とした表現、ものづくりに魅力を感じ、作家活動を開始。イベント、展示などを中心に活動中。面白いもの、楽しいもの、変なもの、不思議なものを目指し、日々作品を制作している。
http://www.nine-square.com

p.122　mini message card
p.123　(上) mini letter set／mini postcard／mini notebook
　　　　(下) dream#2／dream#4

小匙舎

コサジ゛シャ / kosaji-sha

[124-125]

天真爛漫な「こさじるし」の木版画。てらうことなく紙に乗る姿に、親しみがある。柄違いで何枚もある、ぽち袋や便箋は、「ひとさじひとさじ」の気持ちで一枚ずつ手刷りされたもの。1点ごとに違う手刷りの味わいは、いつまで見ていても飽きない。

2007年1月1日スタート。小匙舎は、「ものがたりのある雑貨」を取り扱うWeb雑貨店。あちこちを旅して出会ったものや、時を経て育まれた古い道具たちを、創り手や使い手の想いと共に、ひとさじひとさじ大切に掬い集めている。オリジナル商品は、一枚ずつ手刷りした木版画で制作したもの。小匙舎は2人の店主により運営されている。
http://www.kosaji.com

p.124　ブックカバー
p.125　（上）ぽち袋／栞
　　　（下）レターセット　いずれも木版画

[作品取扱店／ギャラリー]
小匙舎 Webサイト(http://www.kosaji.com)
※メールで問い合わせ可能(coucou@kosaji.com)

菊地 絢女

キクチアヤメ / Ayame Kikuchi

[126-135]

情感豊かな紙は堂々として、葉なら葉、鳥なら鳥の「生」のボリュームまで写し取ったよう。受け手の気持ちを育てる作品づくりで、観客が共鳴する新しい可能性を開く。劇場にいるような高揚感を紙で与えてのける、稀有なアーティストではないだろうか。

1981年神奈川県生まれ。東京工芸大学芸術学部デザイン学科卒業。グラフィックデザインを学ぶ傍ら、グリーティングカード、モビール、イラストレーションなどといった主に紙を使った作品を制作し、人々の心の共有をテーマに活動する。紙のほかに布を取り入れた作品や、より人へ触発を促すための空間を利用した実験的な作品も手掛ける。
http://www.ayamekikuchi.com

p.126, 132-133　CIRCUS CARD (Greeting Card)
p.127　鹿の角カード
p.128-129　Carrier Pigeon (Greeting Card)
p.130-131　Birds Card (Greeting Card)
p.135　木漏れ日（モビール）

[作品取扱店／ギャラリー]
2008年8月7日〜10日 Project seven Boxes 展示予定
会場：三鷹市芸術文化センター（東京都三鷹市上連雀6-12-14）

SHOP/GALLERY LIST

ショップ/ギャラリーリスト

掲載作家の作品の取り扱いがあるショップ/ギャラリーの情報(住所・電話番号・URL)です。

246 CAFE<>BOOK (BOOK246)	東京都港区南青山 I-2-6 Lattice aoyama I F 03-5771-6899 http://www.book246.com/
36 sublo	東京都武蔵野市吉祥寺本町 I-28-3 ジャルダン吉祥寺 107 0422-21-8118 http://www.sublo.net/
6 words	兵庫県神戸市中央区海岸通 4-3-13 ポートビル216号 078-341-5170 http://www.6words.com/
alphabet	京都府京都市北区上賀茂桜井町 101 エデン北山 I F 075-702-3498 http://www.alphabet123.com/
caina.jp	東京都台東区上野 5-3-4 植木ビル 4F 03-3836-8300 http://www.caina.jp/
CIBONE AOYAMA	東京都港区北青山 2-14-6 青山ベルコモンズ BI 03-3475-8017 http://www.cibone.com/
CIBONE JIYUGAOKA	東京都目黒区自由が丘 2-17-8 03-5729-7131 http://www.cibone.com/
THE NATIONAL ART CENTER, TOKYO MUSEUM SHOP + GALLERY SOUVENIR FROM TOKYO by CIBONE	東京都港区六本木 7-22-2 国立新美術館 BIF 03-6812-9933 http://www.cibone.com/sft/
clueto	兵庫県神戸市中央区栄町通 2-2-6 和栄ビル 4号館201号 078-391-5575 http://clueto.fc2web.com/
collabon	石川県金沢市安江町 I-14 金澤表参道 076-265-6273 http://www.collabon.com/
collex LIVING	東京都目黒区青葉台 I-I-4 03-5784-5612 http://www.collex.jp/
everydaybycollex	兵庫県神戸市中央区京町 78 078-391-6530 http://www.collex.jp/

FRED&PERRY	東京都中央区銀座3-13-4-2F-B 03-3248-8603 http://www.fredandperry.com
GALLERY it's	東京都渋谷区猿楽町2-7 シャトーソフィア(竹久ビル) 6F 03-3461-7887 http://www.gallery-its.com/
gg ※ggは2008年9月より形態が変わります。 詳しくはHPで。	東京都渋谷区猿楽町2-14 2F 03-5489-5881 http://www.lucky-clover.jp
Marilu	京都府京都市左京区一乗寺大新開町14 075-723-5361 http://www.marilu66.com/
music & zakka Lykkelig	石川県金沢市小立野1-6-22 メゾンノア1F 076-262-4511 http://www.lykkelig.jp/
NADiff ※2008年7月7日オープン	東京都渋谷区恵比寿1-18-4 03-3446-4977 http://www.nadiff.com/
MOT THE SHOP	東京都江東区三好4-1-1 東京都現代美術館1F 03-3643-0798 http://www.nadiff.com/
NADiff X10	東京都目黒区三田1-13-3 東京都写真美術館1F 03-3280-3279 http://www.nadiff.com/
NADiff modern	東京都渋谷区道玄坂2-24-1 BunkamuraB1 03-3477-9134 http://www.nadiff.com/
gallery 5	東京都新宿区西新宿3-20-2 東京オペラシティアートギャラリー内 03-5353-0449 http://www.nadiff.com/
NADiff bis	宮城県仙台市青葉区春日町2-1 せんだいメディアテーク1F 022-265-7571 http://www.nadiff.com/
Contrepoint	茨城県水戸市五軒町1-6-8 水戸芸術館1F 029-227-0492 http://www.nadiff.com/
NADiff 愛知	愛知県名古屋市東区東桜1-13-2 愛知芸術文化センターB2 052-972-0985 http://www.nadiff.com/
PAPIER LABO.	東京都渋谷区千駄ヶ谷3-52-5 #104 03-5411-1696 http://www.papierlabo.com/

Roundabout	東京都武蔵野市吉祥寺南町1-6-7 2F 0422-47-5780
SHIZEN	東京都渋谷区千駄ヶ谷2-28-5 03-3746-1334 http://utsuwa-kaede.com/shizen
SpicaRocca	栃木県宇都宮市中央5-11-9 フラワーハイツ1F 028-639-8856 http://spicarocca.com/
THE STABLES	青森県弘前市元寺町9 三上ビル3F 0172-33-9225 http://www.thestables.jp/
Utrecht	東京都目黒区上目黒1-5-10 中目黒マンション407 03-5856-5800 http://www.utrecht.jp/
YEBISU ART LABO FOR BOOKS	愛知県名古屋市中区錦2-5-29 えびすビル PART1 4F 052-203-8024 http://www.artlabo.net/
アンジェ河原町本店	京都府京都市中京区河原町三条上ル西側 075-213-1800 http://www.angers.jp/
イリアス	東京都台東区谷中2-9-12 川田ビル1F-B 03-3827-2722 http://www.big-o.co.jp/irias/
器 hibito	埼玉県さいたま市浦和区岸町3-14-11 1F 048-833-5118 http://www.hibito.com/
大阪名品喫茶 大大阪 ※2009年ビル解体までの期間限定営業	大阪府大阪市北区中之島3-6-32 ダイビル本館1F 06-6444-8870 http://www.dai-osaka.com
金沢21世紀美術館 ミュージアムショップ	石川県金沢市広坂1-2-1 076-236-6072（ショップ直通） http://kanazawa21.jp
紙の温度	愛知県名古屋市熱田区神宮2-11-26 052-671-2110 http://www.kaminoondo.co.jp/
ぐらすはうす	熊本県熊本市大江5-17-14 096-363-1853
恵文社一乗寺店	京都府京都市左京区一乗寺払殿町10 075-711-5919 http://www.keibunsha-books.com/

雑貨店カナリヤ	大阪府大阪市北区西天満4-7-10 昭和ビル本館2F-22 06-6363-7188 http://www.zakkaten-kanariya.com/
しろつめ	熊本県熊本市二本木2-11-2 096-200-9247 http://shirotsume.com/
つくし文具店	東京都国分寺市西町2-21-7 042-537-7123 http://www.tsu-ku-shi.net/
豊田市美術館 ミュージアムショップ	愛知県豊田市小坂本町8-5-1 0565-34-2522
原美術館 ザ・ミュージアムショップ	東京都品川区北品川4-7-25 03-3445-2069 http://shop.haramuseum.or.jp/
ヒナタノオト	東京都中央区日本橋浜町2-22-3 日本橋イースト DC2F 03-5649-8048 http://hinata-note.com/
ブックギャラリー ポポタム	東京都豊島区西池袋2-15-17 03-5952-0114 http://popotame.m78.com/shop
プレイマウンテン	東京都渋谷区千駄ヶ谷3-52-5 原宿ニュースカイハイツアネックス #105 03-5775-6747 http://www.landscape-products.net/
細見美術館　ARTCUBE SHOP	京都府京都市左京区岡崎最勝寺町6-3 075-761-5700 http://artcube-kyoto.co.jp/artcube_shop/artcubeshop.htm
みずいろ	愛知県名古屋市千種区稲舟通1-15-3 052-761-8540 http://mizuiroweb.fc2web.com/
森岡書店	東京都中央区日本橋茅場町2-17-13 第2井上ビル305号 03-3249-3456 http://www.moriokashoten.com/

※該当作家の作品が不定期で取り扱われている場合もございます。
※作品には1点ものもございますので、常時在庫があるとは限りません。
※2008年5月現在の情報です。

紙のもの

2008年 6月25日　初版発行

撮影
水野 聖二

アートディレクション・デザイン
中山 正成
(2m09cmGRAPHICS, Inc.)

企画・編集・取材
石井 早耶香

発行人
籔内 康一

発行所
株式会社ビー・エヌ・エヌ新社
〒104-0042
東京都中央区入船3-7-2 35山京ビル
fax: 03-5543-3108
e-mail: info@bnn.co.jp

印刷・製本
株式会社シナノ